歴史総合パートナーズ ①

# 歴史を歴史家から取り戻せ！

― 史的な思考法 ―

上田 信
Ueda Makoto

SHIMIZUSHOIN

# 目次

はじめに―一番いい時代はいつか―...4

1. 私たちはどこから来たのか, 私たちは何者か, 私たちはどこへ行くのか...8

2. 歴史を造るのは誰か...18

3. 世界史から私たちの歴史へ...34

4. モノの次元...50

5. イミの次元...58

6. ヒトの次元...66

おわりに―史的な思考法マニュアル―...78

はじめに —一番いい時代はいつか—

「一番いい時代はいつか？」

大学の授業で18〜19歳の約100人の学生に，このようなアンケートを採った
ところ，その回答は次のようになりました。

① いま（58%）

② みなさんの親がみなさんの年頃のとき（33%）

③ みなさんの子どもがみなさんの年頃になるとき（9%）

読者のみなさんの回答は，いかがでしょうか。

手元にはデータはないのですが，1970年代に同じようなアンケートを採って
みたら，おそらく③を選ぶ人の割合が多かったのではないでしょうか。親の世
代の過去よりも現在，そして現在よりも子どもの世代の未来の方が，よりよい
時代になっている，あるいはよりよい社会にしなければならない，そう感じて
いた人が，いまよりも多かったように思います。

20世紀の歴史学では，「発展段階論」（後述）や「近代化論」[1]といった考え
方が広く受け入れられていました。人類の歴史は，人としては認められない人々
が社会を支えていた奴隷制の時代，土地に縛りつけられて移動の自由のない
人々が生産を担った封建制の時代，働く時間を管理される資本主義の時代を経
て，しだいに豊かで自由な生き方ができる社会へと発展していくものだ，その
ような期待を持つ人が多かったように思われます。

しかし，いまこのように楽観することが難しくなっていることを，アンケー
ト結果は示しているのではないでしょうか。

---

[1] 1950年から1960年にかけて，アジアやアフリカ・中南米の国々を対象に，工業化を進めて経
済を発展させたり，政治制度を整えたりすることを目的とした学問。社会主義が広がることを
恐れたアメリカを中心に提唱された。

前世紀後半の東西冷戦[2]の時期には，言論の自由はないものの生活物資の分配を行う社会主義の国家に対して，資本主義を掲げる国家においても，福祉を充実させる路線が存在していました。ところが1991年12月25日に，ソビエト社会主義共和国連邦が解体されたことが契機となり，持てる者と持たざる者とのあいだの格差は拡大し始めました。2016年には世界の富豪のトップ62人が，全人類の下位半分，すなわち36億人と同額の資産を持っているという事態にいたっています[3]。

　人類は進歩しているという単線的な歴史観は，もはや存立することができないのかもしれません。不確定な明日のために生きるのではなく，平板ではあるが確実な目の前の「いま」を精一杯生きるしかない，そのような感覚が根を下ろしている。学生のアンケートは，こうした時代の感覚を反映しているといえるでしょう。

　冒頭のアンケートに答えた学生から出たコメントの一つに，次のようなものがありました。

　　自分は最初，③に挙手した。しかし，そのあとに考えていくうちに，次のように考えが変わった。過去についてはある程度の出来事が分かり，現代についても分かることは多い。それと比較すると先の読めない未来をよい時代とすることは，「信頼」，というよりも「願望」に近い。「そうなったらよい」という希望を，冷静に分析すれば，将来に対して悲観的になることが，当然の帰結なのかも知れない。③に関して①を生きる私たち次第で変化してしまう。そのことを念頭に置いて，いまを生きる必要があるのではないか。

この学生のコメントのように「いま」を生きるのであれば，どのようにすれ
ばよいのでしょうか。決められたコースが存在しない時代には，一歩を踏み出
すときに，右に踏み出すのか，はたまた左に踏み出すのか，瞬時の選択を迫ら
れることになります。選択の度に生じる賭けのリスクを軽減するためには，競馬
のように過去のデータを冷静に分析することが求められるように思われます。
そのときに参照されるものが，歴史だといえるでしょう。

　本書は，このような不確定な時代に必要な歴史的なものの考え方を，「史的な
思考法」として提示しようとするものです。絶対的に間違いのない足の踏み出
し方を教えるものではありませんが，少なくともよりよい踏み出し方を考える
方法を指し示すことはできるでしょう。

　まず，歴史の主体となる私たちヒトのことを考えてみます。そのあとに出来
合の歴史ではなく，私たち一人ひとりが歴史をみずからの力で編み上げるために
必要な，考え方の道筋，グランド・セオリーを明らかにしたいと思います。その
基礎のうえに立って，人類全体の歴史を構想する作法を整理していきましょう。

　さっそく，少し気取ってポール=ゴーギャン[4]の大作のタイトル[5]を掲げて，
私たち自身のことを考えていくことにします。

---

※2　第二次世界大戦後に世界は，アメリカ合衆国を盟主とする資本主義・自由主義陣営と，ソビエ
　　　ト連邦（ソ連）を盟主とする共産主義・社会主義陣営とに分かれて，対立した。

※3　国際貧困支援NGOオックスファムの報告。

※4　Paul Gauguin（1848～1903年）。フランスの後期印象派の画家。象徴的な作品を描く。ヨー
　　　ロッパを離れてタヒチ島に移り住み，その風土が反映された画風を確立した。

※5　「我々はどこから来たのか　我々は何者か　我々はどこへ行くのか」。ゴーギャンがタヒチにお
　　　いて1897年から1898年にかけて描いた絵画。画の左隅にフランス語で，D'où venons-nous
　　　Que sommes-nous Où allons-nousと書き込まれている。本国に残した最愛の娘の死など，
　　　精神的に追い詰められていた時期に描かれたとされる。

はじめに——一番いい時代はいつか——　7

## 1. 私たちはどこから来たのか，私たちは何者か，私たちはどこへ行くのか

図1 ゴーギャン「我々はどこから来たのか　我々は何者か　我々はどこへ行くのか」

## 私たちはどこから来たのか

　私たち「ヒト」は，肌の色や言葉が異なっていても，生物として見た場合には，現生人類（学名はホモ・サピエンス・サピエンス〈Homo sapiens sapiens〉）と呼ばれる人類（Homo属）の一つの亜種です。46億年の地球の歴史のなかで，たった一つの亜種が，その地表のほとんどで繁殖するといったことは，かつてありえなかったことです。そしていま，ヒトは地球を何回も破壊できる核兵器を持ち，地球の気温を変動させるだけの活動を行うようになっています。仮に将来，月や火星への移住が可能になったとしても，ヒトの圧倒的多数は，この地球のうえで生きていかざるをえません。どのようにこの地球で私たちヒトが生きるのか見極めるために，私たちヒトの歩みを問い直すところから，史的な思考を始めなければなりません。

　まっすぐに立って歩くという特徴を持つ人類が地球に現れてから，いくつもの種が絶滅したのち，いまから約16万年前に，私たちの直接の祖先とされるヘ

ルト人[1]（ホモ・サピエンス・イダルトゥ〈Homo sapiens idaltu〉）がアフリカ大陸で現れ，そのグループの一つから私たち現生人類が分かれ出たとされています。

　私たち現生人類の直接の祖先は，7〜6万年ほど前にアフリカから出て，ユーラシア大陸に進出し，地球の全域に広がっていきました。いまから約3万〜1万3000年前の時期の地球は氷期という寒冷な気候であったため，広い範囲で草原が広がり，大型の動物が闊歩していました。私たちのなかでユーラシア大陸を西に進んだクロマニヨン人[2]と呼ばれているグループは，ラスコー洞穴[3]に写実的な動物の絵画を残したことで知られています。東に進んだ人は，狩猟と採集を行いながら，生息域を広げていきました。当時は陸続きであったアメリカ大陸にも進出したのです。ヒトは東南アジアから小舟を操り，太平洋の島々やオーストラリア大陸に渡りました。日本列島には3万8000〜2万5000年前に，対馬・沖縄・北海道の三方向から別々に到達したと考えられています。

　人類は言葉を話し，道具を使い，火を用いるといった特徴を持っていますが，なかでも私たちは先行する人類よりも複雑な意味を伝えることが可能な言葉を操り，意志を通い合わせることで集団を造ることができました。石や骨で大型の動物も倒せる道具を作り，衣服や家屋を造ることで地球の多様な自然環境に対応することができたのです。希少な物や美しい物を，すばらしいと感じる心も生まれ，それを表現しようともしました。自分は何かによって生かされているという畏れから，宗教が現れ，大海の向こうに何があるのかという好奇心に突き動かされて，船を操って海を渡ったのです。

　1万年ほど前に最後の氷期が終わり，気候が暖かくなると，大型の動物が少なくなり，植生も変わり，狩猟・採集だけでは生きることが困難な地域も現れま

した。そのなかで人は，それぞれの土地の自然環境に適応した生活様式を作り上げていったのです。

　種（species）としての私たち現生人類は，自然環境の懐に抱かれていた永い幼年期，農業を興し環境を改変して生存する場所を拡げたり，家畜を馴らしてその群れとともに移動する空間を囲んだりしながら，数千年のあいだ続く少年期，工業という大きな力を獲得したにもかかわらず，力の使い道に苦しむ思春期を経て，1945年8月6日午前8時15分の広島への原爆投下をもって，「自殺」する力を身につけた青年期に入ったといえるでしょう。

　アメリカ合衆国とソ連とが抱え込んだ大量の核兵器は，種としての私たちヒトを，絶滅させることを可能としています。1962年の米ソ核戦争の危機[4]をかろうじてくぐり抜けた現在，冷戦の時期とはまったく異なるきっかけで，核兵器が使用される危険性が生じています。また，気候の温暖化や生物多様性の減少など，私たちの存在そのものが大きくなりすぎて，この地球を変えてしまう恐れも生まれています。


## 私たちは何者か

　自殺する力を獲得し，青年期に達した種（species）としての私たちは，それ

---

※1　エチオピアのヘルト・ボウリ（Herto Bouri）で1997年に発見された頭蓋骨の化石に基づき，私たちと同じ種であるとされ，私たちの直接の祖先とされる。

※2　4万数千年前にヨーロッパにやって来た集団。DNAの分析の結果，現代ヨーロッパ人と遺伝的なつながりがあることが確認されている。

※3　フランスの西南部に位置する洞窟。2万年ほど前に，壁画が描かれた。1940年に発見。

※4　キューバ危機。アメリカ合衆国に近いキューバに，ソ連が核ミサイル基地を建設したことが明らかになったことからアメリカとソ連とが対立し，全面核戦争寸前まで緊張が高まった。

までの自然に抱かれた幸福な即自的な時期から，対自的な時期へと移行する必要に迫られるようになったといえるのではないでしょうか。簡単に表現するならば，「私たちは何者か」と苦悩する発達段階に入ったということです。

「即自」「対自」という言葉は，最近はあまり使われない哲学用語です。歴史を哲学したドイツのヘーゲル[5]が用いた言葉で，「即自」はドイツ語an sich，「対自」はfür sichの訳語となります。

幼児は「自分とは何か」と考えることはなく，自分が生きるためにミルクが飲みたい，おしっこをしたいと自分の感覚のままに訴えて，父母の養育に身をゆだねて生きています。これが「即自」ということです。それが青年期に達すると，「私とは何か」と自分自身の存在を意識するようになります。

他者と関わるときには受け身一方ではなく，他者との関係を思索し自律的な行為を組み立てられるようになります。つまり，自己と他者との関係を俯瞰して眺める，もう一つの自己が立ち現れるのです。これが「対自」ということです。自分自身に対峙する自分という意味です。青年期に自殺する意志を持つのは，他者との関係のなかで，自分をぎこちなく演じている自分が気になってしまうからではないでしょうか。仮面を被っているというような違和感を抱き，ときとして欺瞞に満ちた自分に絶望します。しかし，仮面の自分をも自分なのだと納得すれば，「私」は自立することができるのです。

種としての私たちは，対自的な自己認識を確立できるか，あるいは自滅するか，という瀬戸際に立っているともいえるでしょう。


## 私たちはどこへ行くのか

青年期を迎えた種としての私たちは，とてつもなく大きな体格に育っています。

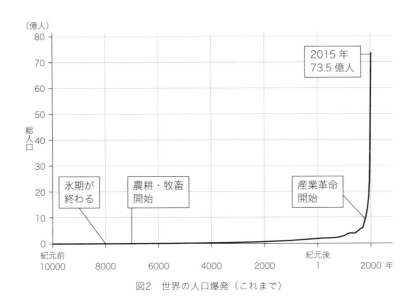

図2　世界の人口爆発（これまで）

　ヒトの数は、最後の氷期から19世紀なかばまでは、長く緩やかな増加を続けてきましたが、19世紀末からは「人口爆発」と呼べるほどのスピードで急増し始めました。1900年には約16億5000万人であったものが、1950年に25億人を突破し、2000年には約61億人、2015年の時点では73億5000万人弱に達し、2050年には95億人になると予測されているのです。

　増えた人口の多くは、発展途上国に住んでいます。若年層の増加に就職先の増加が追いつかず、大量の失業者が生まれ、将来への展望が開けない閉塞感のなかで、国際的なテロ活動に参加する者が現れるようになっています。地域的な紛争から逃れるために、多くの難民が生まれているという現実があります。

　他方では、文化の多様性が失われようとしています。この危機は、言語の多様

※5　Friedrich Hegel（1770〜1831年）。ドイツの哲学者。大学での講義録をまとめた『歴史哲学講義』で、その歴史哲学が展開されている。

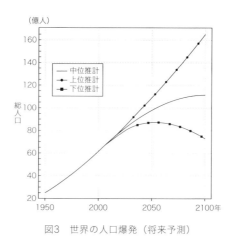
図3　世界の人口爆発（将来予測）

性の消失に顕著に表れています。世界全体で約2500の言語が消滅危機言語だ，と指摘されています[※6]。2009年の発表時点では，もっとも深刻度の高い「極めて深刻」に538言語が分類され，日本国内では，話者15人とされるアイヌ語をはじめ8言語[※7]が登録されています。日本では首都圏に人口が一極集中し，地方では少子高齢化が進み，永い歴史のなかで培われてきた伝統文化が失われようとしているのです。

　ヒトの巨大な数は，他の生物の生息域を狭めています[※8]。いま地球の歴史のなかで，6回目の大量絶滅を迎えつつあり，これまでの約100倍のペースで生物種の消滅が進んでいる，6600万年前に恐竜が絶滅して以降，もっとも速いペースで生物種が失われている，生物の多様性が失われようとしている，と指摘されています。その原因の多くは，私たちヒトにあるのです。

　20世紀には，私たちヒトの産業活動が，大気中に二酸化炭素やメタンを大量に排出するようになりました。これらのガスは，太陽から降り注ぐエネルギー

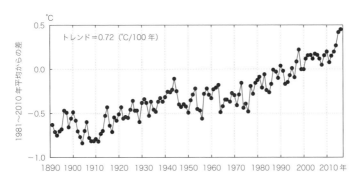

図4 地球温暖化（これまで） 世界の年平均気温の偏差。各年の基準値からの偏差を示している。基準値は1981〜2010年の30年平均値。

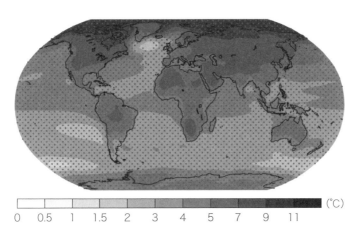

図5 地球温暖化（将来予測） 年平均地上気温の変化。1986〜2005年平均と2081〜2100年平均の差を示している。

※6 国際連合教育科学文化機関（ユネスコ）"Atlas of the World's Languages in Danger" 第3版。
※7 アイヌ語・八丈語・奄美語・国頭語・沖縄語・宮古語・八重山語・与那国語。
※8 米スタンフォード大学，プリンストン大学，カリフォルニア大学バークレー校の専門家らが率いて進めている研究。

1．私たちはどこから来たのか，私たちは何者か，私たちはどこへ行くのか　15

が宇宙空間に放熱されることを妨げ，大気の温度を上昇させます。気温の上昇のために，大規模な山火事が起きやすくなり，樹林が燃えて二酸化炭素が放出され，シベリアの永久凍土が溶けて，地中から多くのメタンが放出されています。北極海の氷が溶けることで，反射される太陽光が減り，海水を温めています。地球全体の平均気温の上昇が，さらに温暖化を促進するという循環に陥りつつあるのです。1981年から2010年の平均値と比べ，2100年には平均気温が最良推定値で1.8度，ヒトが対応せずにいると，最大で6.4度まで上昇すると予測されています。急激な温暖化は，海水面の上昇，巨大台風の出現などを引き起こし，ヒトの存在を脅かしていくでしょう。

　このような事態に，私たちはどのように向き合えばよいのでしょうか。立ちすくむのではなく，よりよい一歩を踏み出すために，歴史から学ぶ。その作業を歴史家にゆだねるのではなく，種としてのヒトを生きる私たちの一人ひとりが，行う必要があるのではないでしょうか。「ヒトを生きる」とは，みずからの生き方が，種としてのヒトであることを体現していることを自覚しながら生きていく，ということなのです。

1．私たちはどこから来たのか，私たちは何者か，私たちはどこへ行くのか　17

## 2．歴史を造るのは誰か

## 出来事から事件へ

　「歴史」というと，歴史的事件の名前や年号を暗記することだ，と誤解してはいないでしょうか。本書で述べようとする「史的な思考法」は，それとはまったく違います。教科書などで「フランス革命」や「明治維新」などと記されている歴史的事件を認定したのは，歴史家です。私たちは歴史を考えることを，歴史家の特権としてはいけません。私たち一人ひとりに降りかかる日々の出来事から，事件に組み立てていく。そのための考える道筋が，「史的な思考法」なのです。

　歴史家から歴史を取り戻す作業を，E. H. カー[1]『歴史とは何か』（清水幾太郎訳，岩波新書，初版1962年）を批判することから始めてみましょう。この著作は大学で行われる歴史学の概説で，今日にいたるまで必ずといっていいほど参考文献リストの冒頭に挙げられています。歴史概論の金科玉条，歴史学徒にとっての経典のように扱われる著作は，史的な思考法を産み出すにあたり，対戦相手としてもっとも適しているともいえるでしょう。

　『歴史とは何か』のなかで，もっとも有名な一節は，「歴史とは歴史家と事実との間の相互作用の不断の過程であり，現在と過去との間の尽きることを知らぬ対話なのであります」（清水訳）であり，その原文は

　　My first answer therefore to the question, 'What is History?', is that
　　it is a continuous process of interaction between the historian and

---

※1　Edward Hallett Carrは，1892年に生まれ，1982年に90歳という高齢で亡くなっている。ケンブリッジ大学を卒業後にイギリス外務省に勤務し，第二次世界大戦中はイギリス情報省の職員を務め，『タイムズ』紙の記者を経て，ケンブリッジ大学に戻ってロシア革命史の研究に専念した。

2．歴史を造るのは誰か　19

his facts, an unending dialogue between the present and the past.

となっています。

　批判すべきことは，歴史の構成要素は，facts（事実）なのか，という点です。factの原義[2]は「造る」「造られたモノ」ですが，そのときに問われることは，いったい誰が「造る」のか，ということです。見識を有する歴史家が「造る」と，カーは主張しました。無数に存在する事実から，「歴史的事実」を選別するのは，歴史家なのだというのです。

　歴史家の特権を認めない，私たち一人ひとりのための史的な思考法では，factに対して，incident（出来事）を歴史の構成要素とすることを提示したいと思います。incidentの原義は「内へと落ちる」，つまり私たちが認識している事柄のなかに，ポトンと落ちてきたコトが出来事なのです。落ちてきた出来事を，思索の過程で他の出来事と関連づけ，新たな認識が立ち現れたとき，それはevent（事件，原義は「外に来る」）となります。他の出来事との関連づけを行わず，認識を変化させるにいたらず，考察している範囲を擦るように落ちてきた出来事は，accident（事故，原義は「前に落ちる」）ということになるでしょう。

　出来事を認識するためには，それはいったい「何か」（what）と問いかける必要があります。そして出来事は，「いつ」（when），「どこで」（where）と問うことで，歴史的な時空間のなかにピン止めされ，「誰が」（who）と問うことによって，出来事の主体者が確定されます。そして，「なぜ」（why）と問うことで，時間軸のうえで他の出来事と関連づけられていきます。つまり「なぜ」その出来事が起きたのか，と問えば，過去にさかのぼって理由となる出来事を発見することになり，「何のために」その出来事を起こしたのか，と問えば，未

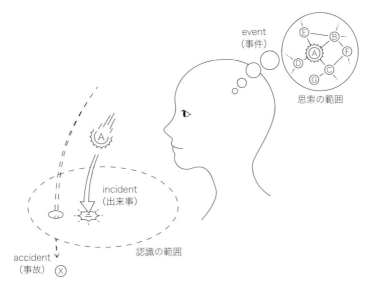

図6　incident, event, accident

来に向かって目的となる出来事を発見することになるからです。さらに「どのように」(how)という問いを発すれば、空間軸のうえで他の出来事と関連づけることが可能となるでしょう。つまり、出来事は5W1Hに要約される問いに対して、私たちが答えるなかで、思索は進み「事件」として立件されるのです。

5W1Hはジャーナリズムの鉄則とされます。新聞記事を喩えに出すならば、事件を取り上げた記事の見出しがwhatにあたり、リードでwhen, where, whoが示されます。そして記事の本文で、howとwhyが述べられることになるわけです。何を事件とするのか、それを決めるのは歴史家ではなく、私たち一人ひと

---

※2　factから派生したfactoryという語は、fact「作る」+ -ory「〜する所」という組み合わせで、「作る所⇒工場」となる。その他にも、manufacture（手で作る⇒製造する）, fiction（作り物）, effect（外に作る⇒結果）などがある。

りです。その事件を分析して表現するとしたら，こうした見出し，リード，本文という三段で組み立てることになります。

## 歴史として記憶される出来事，忘れ去られる出来事

　あらゆる出来事は，問いかけ方によってすべて思索の対象とする価値を持っています。しかし，それが契機となってevent（事件）を引き起こす出来事と，それ単独ではaccident（事故）として処理されてしまう出来事との違いがあることも，確かなことです。

　一例を挙げましょう。whenは2010年12月17日，whereはチュニジア中部スィディ・ブーズィード，whoはムハンマド＝ブーアズィー＝ズィー（当時26歳の男性），彼がwhat「焼身自殺を図った」。これが一つの出来事です。焼身自殺を図るという出来事は，それほど珍しいことではないかもしれません。しかし，もしあなたが「シリアで，多くの命が奪われているのはなぜか」ということを考察しているとしたら，この出来事は事件の重要な一要素となるでしょう。

　すなわち，howという問いを発すると，この焼身自殺を目のあたりにした周囲の人々が激高したという出来事に結びつけられます。whyという問いを発すると，自殺者が失業していた，という出来事に結びつき，青年が多く失業しているというアラブ世界共通の社会問題とつながっていくでしょう。彼と同じような苦しい境遇に置かれていた人々が，その周囲に多くいたために，怒りを爆発させたと推測できます。一つの焼身自殺という出来事は，大きな大衆運動の引き金を引くこととなり，いわゆる「アラブの春[※3]」を引き起こしたのです。そして，この波がシリアに及んだときに，シリア内戦という状況を引き起こしてしまいました。

もう一つ，whatを「焼身自殺を図る」とする別の出来事を，紹介しておきましょう。whenは2014年6月29日，whereは新宿駅南口ルミネ前，whoは当時63歳の男性でした。この出来事を記憶している人は，多くはないと思います。howとしては，駅とサザンテラスを接続する歩道橋の鉄枠にのぼり，メガホンで何かを訴えたあと，ガソリンを頭からかぶり火をつけたという出来事の連鎖が浮かび上がります。しかし，これを見ていた通行者は多かったにもかかわらず，激高する人はいませんでした。またwhy「何のために彼は焼身自殺を図ったのか」という問いに答えようとすると，直前に集団的自衛権容認に反対のスピーチをした，という出来事に行きあたります。「なぜ彼は焼身自殺を図ったのか」という問いかけをするならば，「彼は生活困窮者だったらしい」というあいまいな出来事に行きあたると思います。

　この出来事を集団的自衛権との関連で思索した場合，この出来事が日本のマスメディアではほとんど報道されなかったのに対して，欧米の新聞ではかなり大きく取り上げられたという出来事と関連づけられるでしょう。日本のメディアの偏向性を示す事件として，歴史的考察のなかで位置づけることも可能かもしれません。他方，生活困窮者という文脈で扱った場合には，日本の見捨てられる生活困窮高齢者の一つの悲劇として位置づけられるでしょう。

　二つの「焼身自殺」事件を比較したとき，チュニジアの事件は歴史的激動を引き起こしたのに対して，日本の新宿での事件は人々の記憶に残ることはなく，偶発的なエピソードとしてかろうじて語られるに過ぎません。その差異は，ど

---

※3　チュニジアでの民主化要求運動がアラブ世界に波及し，2010年から2012年にかけて大規模な反政府デモが発生した一連の事態を，民主化が進む過程として「春」と呼んだ。しかし，エジプトやリビアでは政権が打倒されたものの民主化は進まず，シリアは内戦状態となった。

2. 歴史を造るのは誰か　23

こにあるのでしょうか。史的な思考法では，ここで非連続的変化という考え方
を参照する必要があります。


## 非連続的変化と自己組織化

　サイバネティックス（cybernetics）[4]という言葉を，耳にしたことがありま
すか。この言葉の語源は，ギリシャ語で「（船の）舵を取る者」を意味するキベ
ルネテスで，この言葉を造って，ウィーナー[5]は人間と機械との関係を名づけ
たのです。その後，サイボーグ（cyborg ⇐ cybernetic organism），サイバー
スペース（cyberspace ⇐ cybernetics space）などの造語も生み出されま
した。

　人間と機械との関係について，古い機械観では，作用が人間⇒機械⇒成果と
一方的に進むのに対して，サイバネティックスの機械観では，人間⇒制御機構
⇒作動機構と進んで現れた成果が，作動機構から制御機構に影響を与えること
で，機械が自己制御されます。もっとも単純な例が，冷蔵庫です。冷蔵庫の庫内
温度は，ある一定の幅のなかで維持されていますね。サーモスタット[6]などの
制御機構が，温度が上がるとスイッチを入れ，下がりすぎるとスイッチを切る
ことで，温度が一定に保たれるのです。

　出力（結果）を入力（原因）側に戻す操作は，フィードバック（feedback,
原義は「帰還」）であり，フィードバック機能を有する機構をシステム（system）
と呼ぶことにしましょう。入力側に帰還したときに出力を抑制する場合は，負
のフィードバック（negative feedback）であり，冷蔵庫がその実例ですね。
他方，入力側に帰還したときに出力を促進する場合が，正のフィードバック
（positive feedback）であり，その実例がエレキギターにみられるハウリング

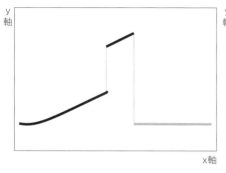
図7 非連続的な変化 ハウリングの音の大きさをグラフ状に表現したもの。

図8 平衡とゆらぎ

(howling, スピーカーから出力された音がマイクに拾われて帰還され，音量が増幅される）などが挙げられます。

　正のフィードバックが起きている場合，はじめは入力が大きくなればなるほど，徐々に出力が大きくなります。『バック・トゥ・ザ・フューチャー』[※7]という映画を観たことがありますか。この映画の最初の方で，マイケル J. フォック

---

※4　ノバート＝ウィーナー，池原止戈夫訳『人間機械論―サイバネティックスと社会』（みすず書房，1954年）

※5　Norbert Wiener（1894〜1964年）。アメリカ合衆国の数学者。その研究は，ロボット工学・オートメーションの分野に，多大な影響を与えた。第二次世界大戦後，科学者自身に対して，みずからの研究の倫理的な側面を考えるように求め，軍事関連のプロジェクトで働くことを拒絶したことでも知られている。

※6　もっとも単純なサーモスタットは，熱膨張率が異なる2枚の金属板を貼り合わせたもの。冷蔵庫の場合は，温度が下がりすぎると金属板が反り上がってスイッチが切れる。今日では，センサーと呼ばれる。

※7　"Back to the Future"。1985年のアメリカのSF映画。製作総指揮をスティーヴン＝スピルバーグが執ったことで知られる。

ス演じる高校生が，巨大なスピーカーをハウリングで破損させるシーンが登場します。エレキギターの音量をx軸，スピーカーから出る音量をy軸とするグラフを描いたとしてみましょう。ギターの音量が一定の範囲にとどまる場合には，xの価(あたい)が変化するのに従って連続的にyの価が変化していきます。ところがハウリングが極端に進みスピーカーが破損する瞬間，グラフのyの価は突然にmaxに飛び，その直後に無音0になります。グラフの線が途切れ，つながりません。こうした変化を，難しい言葉でいうと，非連続的変化ということになります。

　多くの要素が互いに影響し合っているシステムでは，平均値のまわりに値が変動する「ゆらぎ」と呼ばれる事態が現れます。負のフィードバックが作用している場合には，たまたま現れた大きな「ゆらぎ」に対して，変化を相殺(そうさい)する力が働き，一定状態が保たれます。これを平衡(へいこう)状態といいます。ところが正のフィードバックでは，「ゆらぎ」の変化が加速され，別の状態に変わる可能性を秘めた状況が生まれることがあるのです。これを非平衡状態と呼びます。臨界点を超えたとき，非連続的変化が現れ，以前の状態とはまったく異なる状態が自発的に生まれることがあるのです。「ゆらぎ」をはらんだ要素のあいだの関係のなかから，ポジティブ・フィードバックを通じて自ずと秩序が形成されることを，自己組織化といいます。

　自己組織化の具体例として，ベナール対流[8]が引き合いに出されます。味噌(みそ)汁(しる)を温めていると，ある条件のときにセル(蜂(はち)の巣状の模様)が現れるのですが，セルの配列は，たとえば味噌汁が何度に温まるとどのような形になるか予測できる，ということはなく，鍋の底の小さな傷であるとか，たまたま対流が起きる直前に味噌の塊(かたまり)が鍋の縁の近くにあったといった，きわめて小さな条件によって，まったく違う形のセルが出現します。微視的初期条件によりその後の巨視

図9 味噌汁に現れたセル

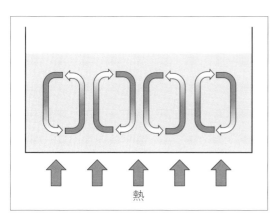
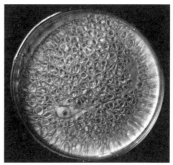

図10 ベナール対流 下方の温められた水は軽くなって上昇し、上方の冷たい水は下降して対流が起こる。写真は上から見た対流。

※8 フランスの物理学者アンリ=ベナールが1900年に行った実験で発見された。目に見えない分子が勝手に運動していたものが、条件が整ったときに秩序を持った運動に変わり、目に見えるセルを形成する。

的状態は大きく異なるという現象が，バタフライ効果※9と呼ばれるものです。これを歴史の比喩として用いるならば，非平衡状態のなかでは，本当に些細な出来事がとんでもない大きな歴史的な変化を引き起こすことがある，ということになるのです。

## クレオパトラの鼻について

　チュニジアでの焼身自殺の場合，ムハンマド=ブーアズィー=ズィーが知人からどのように思われていたかという事柄が，その後の事態を左右したかもしれません。もし，疎まれている人物であったとしたら，「アラブの春」は起きなかったかもしれません。それはブラジルの蝶の羽ばたきとテキサスの竜巻との関係を論証しようとするようなもので，論証はできないでしょう。

　しかし，焼身自殺を図ったという出来事が大きな政治的な事件の一要素であったということは，間違いありません。青年の自殺は，失業している多くの若者が，みずからが置かれている状況に強い不満を抱えている，という非平衡状態のなかで共感を呼び，チュニジアでのジャスミン革命※10勃発の契機となり，同様の問題を抱えたアラブに波及して連鎖的に政変が続き，いまだに終わらないシリア内戦を引き起こしたのです。

　ここで再び，カーの『歴史とは何か』に戻ることにしましょう。そこには，次のような一節があります。

　　受験生が「なぜ1917年のロシア革命が起ったのですか」という質問に答　　える段になって……経済的，政治的，思想的，個人的な原因を，長期的およ　　び短期的な原因をゴタゴタ挙げる……（こうした解答の成績は）中にはな

れるでしょうが，上になるのは難かしいでしょう。……本当の歴史家なら，自分の手で作った諸原因のリストを眺めておりますうち，このリストを秩序づけよう，諸原因相互の関係を整理するようなある上下関係を設定しよう，……いかなる原因を……究極原因と見るべきか……決定しよう，こういう職業的義務を感じるでしょう。

　カーの研究の方法論は，究極原因が一方的に他の要因に影響を与えて結果を生み出すという，古典的な論理学の枠組みのなかで展開されています。自己組織性の視座に立つ枠組みのなかでは，究極の原因を求めるのではなく，諸要因の関係の連なりから，フィードバックのループを見いだすように努めるということになります。無数に存在するループのなかで，変化を強化して非連続的な変化をもたらした原因と結果のループを発見することが重要なのです。
　カーは別の箇所で，次のように述べています。

　　歴史とは，……全く気紛れな原因としか見えぬ諸事件の連続であるという理論であります。……アクチウムの戦闘[11]の結果は，……アントニウスが

---

※9　気象学者のエドワード=ローレンツが1972年にアメリカ科学振興協会で行った講演のタイトル「予測可能性：ブラジルの1匹の蝶の羽ばたきはテキサスで竜巻を引き起こすか」"Predictability: Does the Flap of a Butterfly's Wings in Brazil Set Off a Tornado in Texas?" に由来するとされている。

※10　2010年から2011年にかけてチュニジアで起こった民主化要求の運動の結果，23年間続いた政権が崩壊するにいたる一連の動きを指す。

※11　紀元前31年9月にイオニア海のアクティウム沖で行われた海戦。古代ローマで1世紀近く続いた内乱を終結させたとされる。前44年に暗殺されたカエサルの養子であったオクタヴィアヌスが，プトレマイオス朝のクレオパトラと連合したマルクス=アントニウスを破った。

クレオパトラ<sup>※12</sup>に夢中になったせいだということになります。……こうい

う歴史上の謂わゆる偶然というのは，歴史家がその研究に専念している最

も本格的な原因結果の連鎖を中断する……のです。

「クレオパトラの鼻」は究極原因でないから考察に価しない，と判断する役割は

歴史家にある，とカーは述べています。

　　原因が歴史的過程に対する歴史家の解釈を決定すると同時に，歴史家の解

　　釈が原因の選択と整理とを決定いたします。

ここでカーは，「現在と過去との間の尽きることを知らない対話」に立ち返る

のです。

　　アントニウスがクレオパトラの鼻に夢中になったというような，この二重

　　の目的（現在の光に照らして過去の理解を進め，過去の光に照らして現在

　　の理解を進める）に役立たぬ事柄は，歴史家の見地からすれば，すべて死

　　滅した不毛なものなのであります。

カーのこの発言をどう思いますか。「クレオパトラの鼻」は本当に役に立たな

い事柄なのでしょうか。カーの言いなりになって，歴史家が究極原因だとした

事柄だけを取り上げて，それ以外の出来事は役に立たないからといって切り捨

ててしまうと，歴史学は貧困になってしまうのではないでしょうか。歴史とは

本来，もっと豊かなものであるべきだと思います。

「クレオパトラの鼻」を最初に問題にしたのは、フランスの思想家パスカル※13です。彼はどのように述べているのでしょうか。この「鼻」に関する言及は、『パンセ』で読むことができます。

　　人間のむなしさを十分に知りたければ、恋愛の原因と結果を考察するだけでよい。その原因は、「私には分からない何か」なのに、その結果は恐るべきものだ。この「私には分からない何か」、あまりにも些細で目にもとまらないものが、あまねく大地を、王公を、軍隊を、全世界を揺り動かす。クレオパトラの鼻、もしそれがもう少し小ぶり（原語はcourt）だったら、地球の表情は一変していたことだろう。（塩川徹也訳『パンセ』岩波文庫）

フランス語のcourtは、直訳すれば「短い」ということになり、美的価値観を含みません。『パンセ』は、美醜（びしゅう）について語っているのではなく、パスカル自身は恋愛を話題にしているのですが、その含意は紀元前30年代の非平衡状態に置かれた地中海世界において、鼻の大きさという微視的初期条件の違いが、その後の巨視的状態の差異を生み出す可能性を秘めている、ということなのです。

　恋愛はシステムの安定にとって、「ゆらぎ」となることがあります。民族の違い、階級の違い、政治的立場の違いなどを超えて男女が惹（ひ）かれ合ったとき、本来はありえなかったような出来事が起きる可能性があるのです。それは「ブラジル

※12　Cleopatra VII Philopator（紀元前69〜前30年）。古代エジプトのプトレマイオス朝最後のファラオ。
※13　Blaise Pascal（1623〜1662年）。科学者であると同時に、思想家でもあった。彼が書き残したノートやメモが死後整理されて、『パンセ』として出版された。「パンセ」（フランス語：Pensées）は「考える」penserの受動態penséeに由来し、「思考」という意味。

2. 歴史を造るのは誰か　31

の1匹の蝶の羽ばたき」に喩えられ，その結果はローマ帝国の誕生という「テキサスで竜巻」を引き起こしたということになります。パスカルはバタフライ効果の議論を，先取りしていたのです。

　「クレオパトラの鼻」もまた，役に立たない事柄として捨てるのではなく，歴史のなかの出来事の一つとして検討してみよう，そうすることで歴史はもっと豊かなものになるのではないでしょうか。

2. 歴史を造るのは誰か　33

# 3. 世界史から私たちの歴史へ

# 時代とともに世界は発展するという考え方
## ―ヘーゲルとマルクス―

　歴史とは,「私たちはどこから来たのか, 私たちは何者か, 私たちはどこへ行くのか」という問いかけに対して思考することです。ここで, 単数の「私」ではなく, 複数の「私たち」が主語に立てられていることを見落としてはいけません。歴史とは,「私」と「あなた」とのあいだを取り結ぶ営みでもあるのです。難しい言い方をすれば, 共同体[※1]の一体性を確認するために, ヒトは歴史を語ってきたのです。

　ちなみに共同体の一体性を確認する方法は, 歴史のほかに「神話」というものもあります。チベット高原の東北部, 現在の行政区で示すと中華人民共和国青海省黄南チベット族自治州で暮らしているチベット族は, 歴史を語れません。死去した人の名前を口にしてはいけないというタブーがあるからです。亡くなった人の記録を残せないとすると, 歴史を紡ぐことは難しくなります。そこに暮らす人々は, 神話のなかに登場する神々の関係を, 行事のなかで互いに確認し合いながら, 一体性を維持しています。

　歴史に話を戻しましょう。家の歴史や町の歴史を超えて, 世界を大きな共同体として, その歴史として考えようとした人物に, 先に触れたヘーゲルがいます。ヘーゲルはナポレオン[※2]を見て, 「世界精神が馬に乗って通る」と表現して

---

※1　寄り添い生きるなかで生まれた人々の集まり。目的のために形成された集まりに対比される。社会学の用語では, ドイツ語で前者をゲマインシャフト（Gemeinschaft）, 後者をゲゼルシャフト（Gesellschaft）と呼び, 今日の一般的な用語では, 英語で前者をコミュニティー（community）, 後者をアソシエーション（association）と呼ぶ。

※2　Napoléon Bonaparte（1769〜1821年）。フランス革命の混乱を終わらせて, 国民投票によって1804年に皇帝に即位した人物。フランス革命の理念に基づいて, 私有財産の不可侵, 法の前の平等などを定めた民法典を公布した。

3. 世界史から私たちの歴史へ　35

図11　ヘーゲル　　　　　　　図12　ナポレオン

います。本書で示した思考法に従って、この言葉を発する契機となった出来事を整理してみましょう。

　whatは「ヘーゲル、ナポレオンを見る」、whenは1806年、whereはドイツ、当時はプロイセンのイェーナ、whoはヘーゲル、whyはナポレオンがプロイセンとの戦争に勝ち、勝者としてイェーナに入城したため、howは馬上に乗っていたナポレオンをヘーゲルが見上げた、ということになるでしょう。この光景にヘーゲルは、「世界精神」という意味を見いだしたのです。ヘーゲルは世界史のうちに、人類全体の精神がその本質として自由を実現していくプロセスを見ようとしていました。そして世界精神は国家の形を採って、実際に現れると考えたのです。

　フランス革命が提起した理念がヨーロッパ全域に影響を与えた時期に生きたヘーゲルは、フランス革命の理念である「自由・平等・博愛」の精神を、ナポ

図13 マルクス

レオンという人格のなかに認めたということになるでしょう。そして世界史を精神が自由を求めていく発展過程だと考えました。

これに対して、産業が勃興する時代に生きたマルクス[※3]は、労働という側面から、歴史の発展を見ようとしました。人は生きるために生産し、生産するために社会的な関係を結びます。生産力が向上するに従って、生産に関わる社会関係も変化していくとしたのです。こうした考え方は、「史的唯物論」と呼ばれます。

マルクスの史的唯物論では、直接生産する人と、生産する人を管理する人に社会集団が分かれたり、生産の道具を使う人と、道具を保有する人などに分かれたりするとしています。生産者をコントロールする集団を支配階級とし、支配階級は生産者から必要とする生産物を獲得するのですが、そのときに搾取が起こります。生産と搾取と階級を、下部構造と呼びます。支配階級にとって都合

---

※3 Karl Heinrich Marx（1818〜1883年）。ドイツ出身の思想家・革命家。資本主義社会の本質を経済学に基づいて批判的に解明しようとし、その成果を『資本論』にまとめた。経済的搾取を覆すことで、社会的不平等を根絶することができるとしたため、20世紀の社会運動に多大な影響を与えることになった。

のよい生産関係を支えるために，制度や法律などが作られ，支配階級の搾取を覆い隠すために，思想や宗教などが唱えられるとしました。こうした思想や宗教は，上部構造と呼ばれます。支配階級のための権力機構が国家であり，支配階級がみずからの好ましい生産関係を維持するように国家を運営すると考えたのです。

　生産力がしだいに向上するに従って，新しい生産力に応じた生産関係が生まれ，新しい支配的な階級が成立するのですが，一時代前の制度や思想はその変化に追いつくことができず，足かせとなります。新たに生まれた支配的な階級が，古い支配階級のために作られた国家・制度・思想などの上部構造を破壊して支配階級となるのですが，マルクスはこれを革命と呼びました。革命を経て新しい支配階級のための，新しい制度・思想などが確立するのです。社会の発展は，国家を単位として段階的に進むとしました。これが発展段階論[※4]と呼ばれるものです。

　史的唯物論は思想や宗教などの上部構造が下部構造によって完全に規定されているとするわけですが，こうした考え方には批判が出ます。マックス゠ウェーバー[※5]は，宗教に基づく倫理（エートス）が経済や社会に大きな影響を与えたとしました。日本の大塚久雄[※6]は，マルクスとウェーバーの考え方を統合しようとしました。

## 時代で世界を輪切りにする考え方
### ─従属理論からグローバル・ヒストリーへ─

　史的唯物論や大塚史学の問題点は，国家を単位として考えるところにあります。その国がどの発展段階に位置するか，という視点で考えるのです。この考え方では考察の対象としている国がヨーロッパ（特にイギリス）を基準として，

遅れているか，進んでいるか，という議論となりがちです。遅れた段階とされた「国家」が，社会的不平等を根絶させ豊かになるには，どうすればよいのか。20世紀前半には，発展を阻害している国内の富裕層に対して「革命」を起こし，社会主義を実現すれば解決すると考えられていました。このマルクスの思想に刺激されて，20世紀にはアジアやアフリカ，中南米で数多くの革命が起きたのです。その結果，これらの地域では社会主義的な政権が生まれたのですが，しかし貧困は解決されませんでした。なぜそうなるか，という問いかけのなかから，1970年代に「従属理論」[7]が登場します。

　貧しい国の開発が進まない理由は，発展段階が遅れているところにあるのではない，というのです。貧しい国は開発されていないのではない，先進国に従属し支配されるという関係に巻き込まれて，先進国の経済発展に都合のよいよう

[4]　マルクスが提起した発展段階は，次のようなものである。支配階級が確立していない原始共同体，首長が土地はもとより成員の人格をも所有してすべての剰余労働を取得するアジア的生産様式，奴隷（生産者）と奴隷主（支配階級）から構成される古代奴隷制，農奴（生産者）と領主（支配階級）から構成される封建制，労働者（生産者）と資本家（支配階級）から構成される資本主義を経て，労働者が支配階級となり，分配は労働の量に応じてなされる社会主義。そして，生産性が向上し社会がさらに豊かになると，分配は必要に応じてなされ，剰余労働の搾取はなくなり，究極の共産主義段階にいたる。

[5]　Max Weber（1864～1920年）。ドイツの社会経済学者。代表作『プロテスタンティズムの倫理と資本主義の精神』で，プロテスタントの宗派のなかで唱えられた，禁欲かつ勤勉であることが神によって救済される証であるという信仰が，仕事で得た利益を浪費せず，さらに生産に再投資する資本主義が生まれる背景にあったとした。

[6]　1907～1996年。経済史学者。イギリス経済史を軸に，ヨーロッパで資本主義・市民社会が形成されるプロセスを研究した。大塚史学と呼ばれるその視座は，西洋史のみならず，世界史の研究全体に影響を与えた。代表作は『共同体の基礎理論―経済史総論講義案』（岩波書店，1955年／岩波現代文庫，2000年）。

[7]　フランク，吾郷健二訳『従属的蓄積と低開発』（岩波書店，1980年），アミン，野口祐ほか訳『世界資本蓄積論』（柘植書房，1980年）などが，従属理論に関する代表的な著作。

3. 世界史から私たちの歴史へ　39

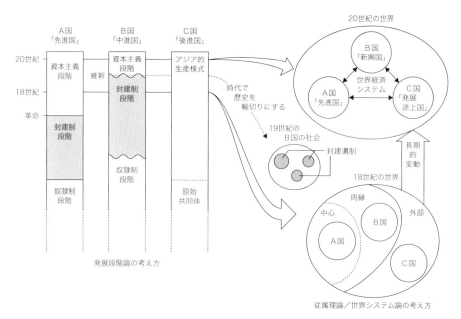

図14 時代で歴史を輪切りにする

に、国家の構造が造り替えられているのだと、従属理論は指摘します。国際的な資本主義経済は、経済の中心となる国々とその周辺に位置づけられる国々を生み出し、中心の国々に原料を供給し、安い労働力を維持できるように、周辺の国々は「開発」されているのだと、発想の転換を迫ります。一国単位の発展段階ではなく、世界全体の仕組みを考えなければ、貧しい国がいつまでも貧しいままに置かれている現状を説明できないのです。

　従属理論から政治的なメッセージを脱色して、一般的な議論に仕立て上げた歴史論が、ウォーラーステイン[※8]が提起した「世界システム論」[※9]です。一般化の過程では、ブローデル[※10]の影響を受けています。

　世界システム論のポイントの一つは、西欧を「中心」として、それに接する「周

縁」，直接には交渉することが少ない「外部」という三つの区域を設定し，中心
は周縁をみずからの都合のよい形に造り替えながら，外部をしだいに取り込んで
いくとするところにあります。これは従属理論から取り込んだ視点であるといえ
るでしょう。二つ目のポイントは，百数十年を単位とする，長期的な景気変動が
あったとするものです。これはブローデルの影響でしょうか。そして世界シス
テムの形態のなかに，世界経済と世界帝国とを区分するという，三つ目の特色
があります。世界帝国はそのシステムの全体が政治的に統合されているのに対
して，世界経済は政治的統合を欠いたグローバルな分業体制だとされています。

　ウォーラーステインに対しては，その西欧を中心とする見解について反
論[11]が出されています。従属理論の提唱者の一人であったフランク[12]は，アジ

※8　Immanuel Wallerstein（1930年〜）。アメリカの社会学者。

※9　世界システム論に関する主要な著作は，川北稔の翻訳で紹介されている。『近代世界システム
　　—農業資本主義と「ヨーロッパ世界経済」の成立』（全2巻，岩波書店，1981年），『近代世界
　　システム1600〜1750—重商主義と「ヨーロッパ世界経済」の凝集』（名古屋大学出版会，1993
　　年），『近代世界システム1730〜1840s—大西洋革命の時代』（名古屋大学出版会，1997年）。

※10　Fernand Braudel（1902〜1985年）。フランスの歴史学者。歴史的時間における重層性を発
　　見した。代表作は『フェリペ2世時代の地中海と地中海世界』。日本では浜名優美により『地中
　　海』（全5巻，藤原書店，1991〜1995年）という形で翻訳されている。歴史の変化のなかに，
　　自然環境などの長期に持続するリズム，人口や国家などの中くらいの波長のリズム，そして個
　　人や出来事の歴史という短い周期のリズムがあるとする。

※11　代表的な著作は，フランク，山下範久訳『リオリエント—アジア時代のグローバル・エコノミー』
　　（藤原書店，2000年）。

※12　Andre Gunder Frank（1929〜2005年）。経済歴史家。ドイツで生まれアメリカで経済学を
　　学んだあと，1960年代に南米チリの大学で教鞭を執る一方，経済政策にも関わった。このころ
　　に従属理論を体系化した。チリで1973年にクーデタが起きると，ヨーロッパに移る。代表的な
　　著作には，晩年の『リオリエント』のほかに，吾郷健二訳『従属的蓄積と低開発』（岩波書店，
　　1980年）などがある。

3. 世界史から私たちの歴史へ　41

アの視点から近代世界システム論を批判しています。近代以前のアジアは，同時代の西欧を凌駕するほど発達した経済システムを持っていたことが指摘されています。こうした批判は，西欧以外の地域についても，それぞれ独自のシステムが存在していたことを明らかにしようとする「グローバル・ヒストリー」という歴史研究の潮流を生み出すにいたっています。

　ヘーゲルは人類全体の精神の発展として世界史を見ようとしたのですが，精神そのものは目で見たり，手で触ったりできるものではありません。精神を発展させた媒体は，たとえばナポレオンのような「英雄」だと考えていました。これに対して，マルクスは生産を担う労働者が，歴史を先に進めるものとしていました。マルクスも関わって執筆された『共産党宣言』[13]のなかで，その視点が明確に示されています。

　マルクスの思想の影響を受けて革命が起き，社会主義国家が生まれました。しかし，依然として貧しい国は貧しいままに置かれている現実に直面するなかで，従属理論が提起されたのですが，この議論に対して，貧しい国の人々からは，「現状の分析としては正しいかもしれない。しかし，それでは，いったいどのようにすれば，この現状を変えられるのか」という疑問の声が上がりました。歴史を先に進める主体についての議論が，抜け落ちていたのです。この点は世界システム論もグローバル・ヒストリーも同様です。

　世界システム論に強い影響を与えたもう一つの歴史学の潮流に，アナール学派[14]と一括されている研究者がいます。『地中海』を執筆したブローデルは，その中心にいました。アナール学派は文化人類学・民俗学・人口学などの研究を取り込みながら，事件史や英雄史ではない，長期的に持続する社会の仕組みに目を向け，民衆や心性[15]といったテーマに切り込みました。しかし，ここで

も長期的に持続しているものがなぜ，どのようにして変わっていくのか，どのようにしたら変えられるのか，という視点は抜け落ちています。

　従属理論やグローバル・ヒストリー，アナール学派の考え方は，たしかに個々の時代を分析するときには，有効かもしれません。しかし，私たち自身の未来を考えるためには，私たち一人ひとりが歴史の主体として歴史を創らなければなりません。


## 「ここ」と「そこ」をつなぐ歴史学

　私たち一人ひとりが主体的に歴史を創るには，どうしたらよいのでしょうか。そのヒントを私自身が得たときのことを紹介してみたいと思います。

　私がまだ駆け出しの研究者であったころ，史料調査の旅先での朝，目覚まし代わりにセットしたラジオの音で目が覚めたのです。流れてきたのは，永六輔[16]の独特の声。ぼんやりと聞いていたら，「ここが地球の真ん中です」という言葉が耳に飛び込んできました。


※13　ヨーロッパで革命の機運が高まるなか，1848年にカール＝マルクスとその盟友フリードリヒ＝エンゲルスによって書かれた政治綱領。「ヨーロッパに幽霊が出る——共産主義という幽霊である」という一文から始まる。

※14　アナールはフランス語で「年報」という意味。1929年に創刊されたフランスの学術誌『社会経済史年報』に集まった歴史家が主導したために，そのように呼ばれる。日本には史的唯物論の有効性が疑われるようになった1980年代に，集中的にその業績が翻訳・紹介された。

※15　フランス語のmentalitéの翻訳語。日常的な感覚や思考方式は当たり前すぎて，なかなか文献記録には残らない。アナール学派の研究者は，図像や伝承などを手がかりに，過去において当たり前とされていた「心のなか，頭のなかの世界」を解明しようとした。

※16　1933～2016年。ラジオ番組で長期にわたりトークを行ったほかに，多くの随筆を発表している。作詞家としては「上を向いて歩こう」などが知られている。

永六輔がその師とあおぐ「歩く民俗学者」の宮本常一[※17]に，ラジオの仕事で
は電波の届く先のことを考えなさい，とアドバイスされた，地球は丸い，だから
どこであっても地球の真ん中になりうる，電波の届いている「あなたがいると
ころが，地球の真ん中です」といった内容だったと記憶しています。この言葉
が私の寝ぼけた頭脳を揺さぶったのです。

　「そうか，ここが地球の真ん中なのか，東京が日本の真ん中でも，ワシントン
が世界の中心でもないのか」。旅先にいることもあったのでしょう，イメージが
脳裏で膨張していきました。ぐったりと寝ているベッドを中心に，半径1000キ
ロの円，半径5000キロの円と，地球という球体の地表をなめるように円が広が
り，地球の半分を囲むまでに拡大したところで，その円は地球の反対側に回り
込み，しだいに収縮しながら，ちょうど地球の裏側の一点に結ぶ。そこはどこだ
ろう，南大西洋の海原だろうか。私の想念は宇宙に飛び，地球をはるか足元に見
下ろしていたのです。

　旅を終えて戻った大学で，さっそくこの「発見」を学生に伝えようと，地球
儀をかたどった透明なビーチボールを手にして教室に立ちました。「地球の真
ん中はどこか示してください」とボールを渡すと，最初の学生は「このボール
の中心でしょう」と，ボールに指を立てて答えました。しまった，そりゃそうだ，
地球の中心は地核にあることになります。学生にどういった言葉で伝えたらよ
いのでしょうか。

　球体としての地表をイメージさせる言葉，英語でいえばグローブ。「いやいや，
そういうことではなく，グローブの真ん中はどこか，ということなのですが」
と補足すると，何人かの学生は，「ニューヨークですか」「ワシントンでしょうか」
と，それらの都市の位置を指さす。おそらく学生たちの頭にあったのは，グロー

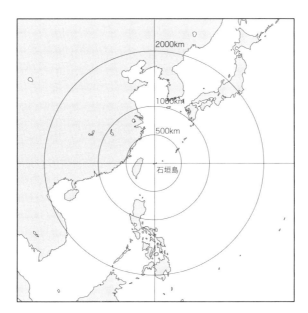

図15 石垣島とアジア

バリゼーション※18という言葉であったのでしょう。しかし,「地球の真ん中」がグローバリゼーションだといったら,永六輔はたぶん「それは違うぞ」と首を横に振るでしょう。

それから間もなく石垣島に遊びに行ったときのこと,強い日差しのもと,海

※17 1907～1981年。山口県周防大島に生まれ,日本各地をフィールドワークして,生活の実相を多くの著作に残している。

※18 globalization。この言葉はglobalizeという「地球規模化する」といった意味の他動詞を名詞としたもの。この「地球規模化する」の主語は,近代においては西欧,現代においてはアメリカ合衆国がイメージされることが多い。そのために,globeの真ん中はどこか,という問いに対して,ロンドンやニューヨーク,あるいはワシントンといった答えが返ってくることが多くなる。また,グローバリゼーションが国際的な企業や金融の都合のよい形に地球を造り替えていくことだと見なされ,貧富の格差の元凶として批判されることもある。

3. 世界史から私たちの歴史へ 45

からの風を楽しみながら歩いていると，公会堂の前に一つの地図が掲げられているのに気がつきました。立ち寄って眺めてみると，石垣島を中心とする同心円が描かれたアジアの地図でした。沖縄県庁のある那覇よりも台湾の台北が近く，九州の鹿児島よりも大陸の福州が近い。日本の本州よりもフィリピンのルソン島が近いことが一目で分かるその地図を見たとき，私の脳裏で豪快な音を立てながら，世界認識の座標軸が大きくずれたように感じられました。そのとき口を突いて出てきた言葉は，「そこも地球の真ん中です」というものでした。

「ここが地球の真ん中」というメッセージを一歩進めれば，ほかのところに住んでいる人に向かって，「そこも地球の真ん中ですね」と語りかけることが可能となります。自分が中心であると押しつけるのではなく，他者も同時に中心であることを認められれば，世界はもっと楽しく，人はもっと楽に生きられるはずです。「地球の真ん中」のメッセージは，グローバリゼーションではありません。

「ここ」にいる私と，「そこ」にいるあなたとが，どのようにつながり合っているか，学術的に明らかにする研究，それが目指すべき歴史学なのだと確信した瞬間でした。

この「つながり」をたどっていく道筋を明らかにしていきましょう。「ここ」と「そこ」とをつなげる史的な思考法の手順は，次のように展開されます。

①　「ここ」と「そこ」をつなげる事柄の連鎖のなかから，思考の対象とすべき出来事を切り出す。

②　出来事にタイトルを与える。つまり5W1Hのなかのwhatを確定する。

③　出来事を時間と空間のなかに位置づける。つまりwhenとwhereとを確定する。

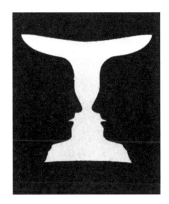

図16 ルビンの杯と顔 「杯」を図として見ようとすると，向かい合った「顔」は認識できず、「顔」に注意を向けると、今度は「杯」が認識できなくなる。49ページ注19参照。

④ 出来事に登場する人物を網羅する。つまりwhoを確定する。
⑤ whyとhowを問いかけ，モノ・イミ・ヒトの「三つの次元」それぞれで，関連する出来事を探る。
⑥ 出来事の連鎖から歴史的に存在するシステムを再構築する。

具体的にどのように思考を進めていくのかは，本書の「おわりに」においてマニュアルを提示することにしましょう。

⑤の手順で登場した「三つの次元」は，物質やエネルギーの流れからなるモノのシステム，情報や表象のやりとりからなるイミのシステム，人格の関係性からなるヒトのシステムです。史的な思考法のキーワードなので，漢字ではなくカタカナで表記することにしましょう。英語では順番にecosystem, semantic system, social systemに対応します。

三つの次元のそれぞれに属する要素は，次元ごとに分かれており，各次元のなかで連鎖しフィードバックのループを形成しています。一つの次元のことを

3. 世界史から私たちの歴史へ　47

「図」として検討しているときには，それ以外の二つの次元は，思考の「地」に退きます[19]。しかし，背景に退いている「地」は，思考の対象としている「図」を背後から支えています。史的な思考法では，図と地を反転させながら，最終的に三つの次元のすべてに注意を向けることが求められます。

　まず，モノの次元を考えていきましょう。

※19 「図」と「地」は心理学の用語で，人が事柄を認識するときには，それ単独では捉えられず，必ず一定の背景を伴ってのみ知覚されることを指す。知覚される事柄が「図」，背景が「地」。図と地を同時に認識することはできないことを，デンマークの心理学者ルビン（1886〜1951年）が発見した。地に退いていた事柄を，あらためて認識しようとすると，それまで図であった事柄が背景に退き地になる。

# 4. モノの次元

## 生態学的なまとまりと文化

　私たちヒトは単一の亜種として，地表のほぼすべての地域で暮らしています。それぞれの地域では，多様な生き物のあいだで物質がやりとりされています。そこでは物質の流れが見られるのですが，その基本は食べられ・食べるという関係のなかで展開されており，その全体的なイメージは「食物連鎖」として理解されています。この食物連鎖のなかで「生産者」として位置づけられている生き物が，植物です。植物は大気から二酸化炭素を，大地から水や栄養塩類を取り入れ，降り注ぐ太陽からの光を受けて光合成を行い，有機物を生成するのです。草食動物が植物を食べて有機物を取り込んで，みずからの身体を形作り，活力を得るのです。草食動物は肉食動物に食べられて，連鎖の階梯を上がっていきます。動物は「消費者」ということになります。植物や動物が命を失うと，昆虫などが遺物や排泄物を細かくし，粉砕された有機物は微生物によって再び無機物に変わっていきます。この無機物は再び植物によって取り込まれていくのです。

　海洋においては，植物プランクトンが動物プランクトンに食べられ，プランクトンはイワシなどのエサとなり，小魚はより大型の魚類や海獣に食べられます。海の生産者にあたる植物プランクトンは，陸上の植物と異なり，海流とともに移動します。海は深海から海面までと立体的であり，しかも南極・北極から赤道までと連続しているために，陸よりダイナミックな食物連鎖が展開しています。深海からわき上がる海流がある陸の近くの海域では，光合成に必要なリンなどの無機物が，深海から太陽光を浴びる海面近くに供給されるため，植物プランクトンの生産力は外洋の6倍もあるとされています。また，陸からの養分が河川を通じて流れ込む沿海では，2倍の生産力があるとされています。

物質の循環は空間的にまとまりがあります。気候の条件に規定されて，地上ではそれぞれの地域で特色を持った植生が形成されます。それぞれの植生に応じて昆虫や動物が棲み，ヒトが生活します。ヒトと植生との関係は，相互的です。植生が一方的にヒトの在り方を規定するのではなく，ヒトは植生に働きかけることによって，植生を変容させます。雑木林や農地，遊牧民が生活のより所とする牧草地などを，思い描いてください。漁民は沿海の漁場を管理して，間接的でありますが植物プランクトンの生産力を維持しようとします。こうした関係のなかから，ヒトの活動をも含んだ生態システム（ecosystem）が生まれます。物質の循環がひとまとまりになっている空間を，生命地域（bioregion）と呼ぶことにしましょう。

　ヒトの活動が生命地域における物質の循環を乱すと，その乱れは「ゆらぎ」として多様な生物の連鎖に波及して，めぐりめぐってヒトの存在にも影響が及びます。生態システムが均衡を保てる範囲でヒトの活動が止まるのであれば問題がないのですが，均衡を崩してシステム全体が変容すると，そこに暮らすヒトの存続も危機に陥ります。ヒトが採れる最良の判断は，均衡を維持することです。ここに生命地域に対応した文化が生まれます。

　こうした文化は，生態システムの均衡を破壊しないようにするためのネガティブ・フィードバックの仕組みを包み込んでいます。たとえば森林の過剰な伐採や動物の乱獲は，子どもに対する教育や，慣習や規約，違反者に対する懲罰などの方法によって排除されます。生態システムにどのような影響を与えるか予測できない新たな活動も，受け入れられません。

　なお，イミの次元との関連では，ネガティブ・フィードバックを維持するための具体的な仕組みは，文化ごとに異なっています。アニミズムに基づく文化

では，ヒトの行為が動植物の精霊，河川や大地の精霊などとの関係のなかで理解され，精霊の気分を害するような行為は慎むべきものだとされます。

## 生命地域を越える交易と文明

　ヒトという生き物は，気候の差異を衣服や家屋などの道具によって克服し，地表のあらゆる地域と海域に住み，それぞれの生命地域に応じた個性的な文化を形成してきました。問題はその先にあります。ヒトは他の生物と異なり生命地域の境界を越えて，他の生命地域とのあいだで物資を移動させることができたのです。これを交易[※1]と呼ぶことにしましょう。

　交易を行うのはヒトのみです。これは，一つの亜種であるという共通点を持つが故に，交易できるようになった，ともいえるでしょう。渡り鳥なども生命地域を越えて移動しますが，移動した先でその物質の循環のなかに取り込まれてしまいます。ヒトは本来の生命地域にいながらにして，他の生命地域で産出した物資を入手することができるのです。このことを生命地域の側から観ると，交易とは域内の物質の循環のなかから物資を取り去り，また本来の物質循環には存在していない物資を投入することに他なりません。このようにして，交易は物質循環の在り方を変容させ，もともとそこにあった文化を変えてしまう可能性があります。

　ここで確認しておきたいことは，生命地域の変容がそれに対応した新しい文化を産み出すとは限らないということです。人格の次元との関連で，アメリカ

---

※1　ここでの「交易」という用語は，ヒトが介在して生命地域のあいだで行われる物質の移動のすべてを含む。日本語でのニュアンスに基づいて，交易の下位のカテゴリーとして，国家が管理する交易を「貿易」，国家が直接に管理しない交易を「通商」と呼ぶことにしたい。

4．モノの次元　53

先住民を研究したエリック=エリクソン[※2]の言葉を引用しておきましょう。アメリカの大草原という生命地域で育まれたスー族の文化にあったしつけと道徳が，白人との交易でもたらされた酒などの物資の流入によって，瓦解（がかい）したと指摘しています。

　（スー族の）人に物をやってしまうという経済原則や寛容性を非常な名誉とする考え方は，かつては社会的必要性と結びついていた。……元来，（ある民族が身につけなければならない）徳目は個人あるいは集団の自己保存を保障することを意図したものであったが，それは（その民族の社会全体が崩壊するかもしれないという）人類破滅への時代錯誤（さくご）的な恐怖の圧力のもとに硬化してしまい，その結果，変化していく必要性に対して民族をして適応できないようにしてしまっている。……一旦その相対的な経済的意義が失われ，一般的に守られなくなってくると，それらの徳目はばらばらに崩れる（エリクソン，仁科弥生訳『幼児期と社会1』みすず書房，1977年）。

交易の開始とともに，アイデンティティ[※3]の崩壊が起きるという指摘は，モノの次元とヒトの次元との密接な関連を示しているといえるでしょう。スー族がその生命地域に対応するなかで培ってきた徳目は，エリクソンがいみじくも述べているように物資の交換に関わる経済原則，物質の流れに応じた規範であったわけです。スー族は白人との交易にさらされたとき，新しい物質の流れに対応した新たな文化を造り出すことができなかったのです。

　交易は生命地域のフィードバックの仕組みからは離れているために，交易の秩序は自律的には生成されません。人為的に維持するしかないのです。この人

図17 ハンムラビ法典 現存するものとしては，最古の法律。紀元前1700年代のバビロン第1王朝のハンムラビ王が制定した。

図18 六法全書 日本のさまざまな法令を集めた法令集。

為的に造られた秩序は，交易の場において，一定の規則に基づいて行動することを求めます。そのための手段として，モノがいつ，誰から誰に，どれくらいの量が移動したのかを記録するために簿記が作られ，規則を守らせるために法律が編まれ，簿記や法律を残したり広めたりするために文字が創られます。交易を効率的に行う場所として，都市が成立します。こうした人工的なさまざまな

※2　Erik Homburger Erikson（1902〜1994年）。アメリカの発達心理学者。アイデンティティ（identity）という用語を確立したことで知られる。

※3　identityには「自己同一性」という訳語が日本では与えられているが，その訳語ですっきりと理解するのは容易ではない。中国語では「認同」〈认同〉という訳語が与えられており，「同じであることを認識すること」という意味となっている。自分自身がばらばらにならずに，一つの同じ人格なのだ，と認識する行為としている点で，中国の訳語の方が日本の訳語よりも優れている。

4．モノの次元　55

仕組みを生み出す力を，文明と呼ぶことにしましょう。

　文化はネガティブ・フィードバックの仕組みを備えたシステムであるために，自律的に平衡状態を維持でき，外部の干渉がなければ持続します。これに対して文明は人為的にフィードバックの機構を組み入れたメカニズム[※4]であるために，交易の在り方が変化すると，しばしばその変化に即応できずに自壊してしまいます。歴史のなかでさまざまな王国や帝国が，現れては滅びる「興亡の世界史」もまた，史的な思考法のなかに包摂することが可能なのです。

※4　各種の制度について，人為的に構築されたことを強調したいときにはメカニズム，自律的に生
　　成したことを強調したいときにはシステムと呼ぶ。

# 5. イミの次元

## 生成するイミ

　「マイ・フェア・レディ」[※1]というミュージカル映画を，観たことがあります
か。映画のはじめのところで，音声学を専攻する教授が，機械を用いて連続する
「ア」から始まる母音の変化を，友人の大佐に聴かせるシーンがあります。私た
ち日本人の多くは，この音の変化のなかからアイウエオの五つの母音しか識別
できないのですが，民族によってはもっと多くの母音を区別します。その教授
が考案した基礎母音表では，なんと130もの母音が識別できるという設定に
なっています。

　連続して変化する音のグラデーションに，私たちはそれぞれの文化ごとに，
区切りをつけて分けることで，言語を獲得しました。その区切り方は一様では
ありません。こうした区分を設けることを，分節化といいます。

　私たちが事柄にイミを与えるときには，常に分節化を行います。たとえば，空
に架かる虹の色は，何色でしょうか。日本では7色とするのが一般的ですが，ア
メリカでは6色（赤・橙・黄・緑・青・紫），中国では5色（青・赤・黄・白・黒）
だとされています。日本と古層の文化を共有する沖縄では，古くは2色（赤，黒
または赤，青）であったといいます。

　分節化された一つひとつの事柄に，ヒトは記号を貼りつけて分別します。虹
の色もそれぞれの民族の言葉で，「赤」とか「青」とかの記号で分別するわけ
です。この分別の仕方について，レヴィ=ストロース[※2]は近代西欧知識人が「未

---

※1　"My Fair Lady"。1964年制作のアメリカ合衆国のミュージカル映画。原作はバーナード=ショー
　　（アイルランドの文学者，脚本家）の『ピグマリオン』で，1913年に初演されている。イギリ
　　スの階級社会が階層ごとの発音の違いによって支えられていることを，皮肉った作品である。

※2　Claude Lévi-Strauss（1908～2009年）。フランスの社会人類学者で，構造主義を構築した研
　　究者として知られる。

5.　イミの次元　59

図19　ハイダ族のトーテムポール

開」として見下してきた文化のなかにも，精緻な分別のシステムが存在することを明らかにしました。そのなかで科学的思索における概念と，神話的思索における記号という分類を立てて議論を展開しました[※3]。「野蛮人」の思考方法には，文明社会に劣らないイミづけのシステムがあるとし，「野生の思考」とされる神話的思索では，森羅万象を観察し，分析・区別・分類し，そのうえで連結し対比することで，科学的思索で設定された動物界・植物界・鉱物界・人間界といった「界」を超越した知の体系が生まれたとされます。たとえば人間の集団は，動物の記号と連結されて，トーテム[※4]として集団のあいだの関係に秩序を与えます。

　神話的思索というと，私たちとは縁の遠い話と思われるかもしれません。しかし，私たちも日常的に，「野生の思考」を行っています。たとえば，謙虚な知人にその素朴な美徳を称えようと花を贈呈しようとしたら，どんな花を贈るでしょうか。赤いツバキ[※5]，あるいはシンビジウム[※6]かもしれません。ツバキとシンビジウムは科学的な分類では，まったく違う分類に振り分けられている植物なのですが，花を贈るときに

参考にされる「花言葉」では，赤いツバキには「謙虚な美徳」，シンビジウムには「飾らない心」「素朴」という記号が付されているのです。謙虚で飾らない人柄の知人に贈るには，赤いツバキも白いシンビジウムも，いずれも似つかわしいということになるのです。

　動植物はリンネ[※7]が創始した近代的な分類学に基づけば，次世代を残せるのか否かという基準に則って分節化されます。植物については種子がどのように作られるかに基づいて裸子植物か被子植物かに分けられ，被子植物についてはその花の形態に沿って分類の体系が構築されました。現代においてはDNAの解析によって，分類がより精緻な体系になっています。しかし，科学的な分節化の体系と，たとえば漢方医学を支える本草学[※8]の分節化の体系とを対比して，どちらがすぐれているかを論じることは，あまり建設的なことではないでしょう。

※3　レヴィ=ストロース，大橋保夫訳『野生の思考』（みすず書房，1976年）。

※4　特定の動物や植物を象徴的な記号として用いて，人の集団を分節化することを，文化人類学ではトーテミズムと呼ぶ。北アメリカ先住民の言葉に由来するとされている。たとえばカナダ先住民のハイダ族は，ワシとワタリガラスの記号で二つのグループに分節化され，ワシのグループは，さらにビーバーやカエルなどの記号で分節化される。こうした象徴を視覚的に明示したものが，トーテムポールである。

※5　学名: *Camellia japonica*　ツバキ科ツバキ属の常緑樹。

※6　学名：*Cymbidium sp.* ラン科シュンラン属の植物。

※7　Carl von Linné（1707〜1778年）。植物の分類の基礎が花のおしべとめしべにあるとして，植物分類の体系を構築した。生物の学名を，属名と種小名の2語のラテン語で表す二名法を確立し，現在の国際的な命名法の基礎を創った。

※8　中国で体系化され，日本や朝鮮半島など東アジアで発達した医薬に関する学問。1596年に李時珍が著わした『本草綱目』は，本草学の集大成である。そこでは金石部・草部・穀部・菜部・果部・木部・服器部・虫部・鱗部・介部・禽部・獣部・人部などの分類体系で事物が整理されている。

## イミのシステムの非連続的変化

　分節化されたイミの体系は，一つのシステムとして人々のあいだで共有され，比較的安定しています。しかし，歴史のなかでは，そのイミのシステムが突然に変化することが，しばしば観察されます。どうして，そしてどのように変化するのでしょう。イミのシステムの変化について，考えるヒントを与えてくれるのは，文化人類学者でもあり精神医学者でもあったベイトソン[9]の著作[10]です。

　ベイトソンはイミのシステムが非連続的に変化を遂げるプロセスの事例として，イルカの調教の話題を紹介しています。イルカに新しい芸を覚えさせるには，ある泳ぎ方をしたときにエサを与えて褒めます。たとえば身体の半分以上を水面から出して，尾鰭で泳ぐといった動作です。これを繰り返すと，イルカはさまざまな泳ぎ方のなかでその泳ぎ方を多様な泳ぎ方のなかから分節化して取り出します。それを曲芸Aとしましょう。次のステップ。曲芸Aをしても，エサを与えないようにします。イルカは混乱します。しかし，偶然に新しい動作，たとえば水中からジャンプをするとエサを与えることにします。すると新しい動作を曲芸Bとして学習します。続いて調教師は，曲芸Bをイルカが行ってもエサを与えないようにします。

　　前回魚にありつけた動作を次もやってみるという不毛な繰り返しを，このイルカは14回続けた。そのあいだ彼女が新しい動作を見せたのは偶然からと判断してよいだろう。ところが14回目と15回目の間の休憩時間に，彼女は非常に嬉しそうなようすを体で示した。15回目が始まるや，いきなり八つの演技を入念にやってみせた。そのうち四つは，この種のイルカでは観察されたことのないものだった。ここでイルカはひとつの跳躍を，論理階

型間のギャップの飛び越えをやってのけたのである（『精神と自然』より）。


このイルカのイミのシステムは，どのように変わったのでしょうか。曲芸A・B
の学習のプロセスの結果，イルカが学習したことは，特定の曲芸を行えばエサ
をもらえる，ということでした。ところが，覚えた曲芸を繰り返してもエサをも
らえないという事態に直面します。不毛な努力を繰り返すなかから，イルカの
イミのシステムが非連続的な飛躍を達成したのです。読者のみなさんは，どう
変化したのか分かりますか。

　そのイルカは，「覚えた芸を行う」ではエサをもらえないことを学習し，「新
しい芸を創る」ことが求められていることを発見したのです。イミのシステム
的展開は，既存のイミのシステムではうまくいかないという事態に遭遇したと
きに，極度の緊張感のなかで，新しいイミの階層へ飛躍するのです。

　歴史のなかでも，こうしたイミのシステムの非連続的飛躍を見ることが可能
です。イルカと同じといっては，冒瀆的な発言になるのかもしれません。批判さ
れることを覚悟のうえで述べると，ブッダ※11は菩提樹の下で瞑想するなかで，
それまでの司祭階級のバラモンが説いてきたイミのシステムから飛躍して仏教

---

※9　Gregory Bateson（1904〜1980年）。アメリカ合衆国で多方面に関わる研究を行った。『菊
　　と刀』で日本文化を分析した文化人類学者のマーガレット=ミードのパートナーとしても知ら
　　れている。サイバネティックスの考え方の影響を受けている。

※10　ベイトソン，佐藤良明訳『精神の生態学』（思索社，1990年），同『精神と自然』（思索社，
　　1982年／普及版：新思索社，2006年）。

※11　Gautama Siddhārtha（紀元前563年ころ〜前483年ころ：異説あり）。インドの王族として
　　生まれる。バラモンが主催する難解なヴェーダ祭式のイミのシステムを否定し，心の内面にあ
　　る煩悩から解き放たれ，輪廻転生という循環する時間から離脱する道筋を示した。

の体系を提示し，ナザレのイエス[12]は荒れ野に送り出され，そこで40日間断食するなかで悪魔の誘惑を拒絶し，ユダヤ教から飛躍してキリスト教を創始し，ムハンマド[13]はメッカ郊外のヒラー山の洞窟で瞑想するなかで啓示を受け，それまでの部族的な信仰の体系から飛躍してイスラームの開祖となったということになります。中国思想史では，「王陽明」として広く知られている王守仁[14]が左遷された先の少数民族の住む龍場という地にあって思索を続け，「龍場の大悟」と呼ばれる飛躍を経験して，陽明学を誕生させたなどの事例を挙げることができるでしょう。

　非連続的なイミのシステムの変化は，その当事者にとっては，超越的な存在が与えた啓示として認識されたと思われます。イエスにとっての聖霊，ムハンマドにとってのアッラーは，イルカにとっての調教師という立ち位置になるでしょう。それらは人智を超越した存在，ということになります。

図20　啓示を受けるムハンマド

※12　Iēsūs ho Nazarēnos（紀元前7または前4年ころ〜紀元後30年）。ローマ帝国支配下のパレスチナに生まれる。律法を形式的に守るだけで，現実に苦しむ人々を救済しようとしない当時のユダヤ教の司祭層を批判し，神の恩寵が人々に区別なく及ぼされると説いた。

※13　Muḥammad ibn ʻAbd Allāh ibn ʻAbd al-Muṭṭalib（570年ころ〜632年）。アラビア半島の商業都市メッカの商人層の出身。唯一神アッラーから言葉を託された預言者。その啓示はのちに『クルアーン』にまとめられる。

※14　Wáng Shǒurén（1472〜1529年）。中国明代の儒学者・政治家。陽明は号。朱子学を批判しながら，日常生活における実践を通して儒教的な真理に到達できると説いた。日本の思想にも大きな影響を与えた。

# 6. ヒトの次元

## 「私」（自我）

　ヒトの次元は，人格の関係というシステムから成り立っています。ところが「人格とは何か」という点については，これまで歴史学のなかで正面から論じられたことがなかったのではないでしょうか。今日，歴史小説はよく読まれているにもかかわらず，一般読者から歴史学の研究書はほとんど顧みられることはありません。近代の歴史学は，ヘーゲルなどの「英雄史観」を克服して，「科学的な歴史学」となるべくして努力を重ねてきました。その結果，歴史上に名を残した人物を描くことに，歴史学は消極的になっているように思われます。

　人物を研究する方法は，他の研究領域と比較した場合，停滞しているといってもよいでしょう。方法上の停滞は，史学科などで学生を指導する方法にも影響を及ぼしています。歴史的人物の評伝を卒論として書こうとする学生に，他のテーマへの変更を迫る教員も少なくありません。その結果，「歴史好きを歴史嫌いにする歴史学」となってしまっているのではないでしょうか。

　システム的なものの見方を取り入れて人物を描く方法論は，人物を実体として見るのではなく，数多くの人格が相互に交わしている錯綜した関係のなかで生起する運動態あるいは行為態として捉えようというものです。

　それでは人格とは何でしょうか。言葉の定義のうえでは，人格は主体としての個人，ということになります。そして主体とは，行為の主語となりうる「私」（自我）および，「私」と同じような存在と仮定されている「他者」ということになります。

　網の目のような人格のあいだの関係を構想する起点として，「私」とは何か，という問題から説き起こす必要があります。史的な思考法では「私」（自我）を実体として措定しません。文学的な比喩表現を用いた方がイメージしやすいと

6. ヒトの次元　67

図21　デカルト

いうのであれば，宮沢賢治※1の有名な一節（『春と修羅』第一集の「序」）をここで掲げておきましょう。

　　私という現象は
　　仮定された有機交流電燈の
　　ひとつの青い照明です

宮沢は「私」をけっして「電燈」という実体であるとはいっていません。「照明」という現象あるいは事件，運動あるいは行為として，「私」を捉えているのです。
　哲学的に「私」を分析すべきだというのであれば，デカルト※2が提示した「我思う，故に我あり」という有名な命題を取り上げるべきでしょう。中世ヨーロッパで支配的であったスコラ哲学では，ラテン語で思索します。デカルトの命題をラテン語にすると，cogito, ergo sumということになるでしょう。しかし，デカルトはおそらくラテン語ではなく，みずからの母語であるフランス語

で思索したと思われます。

　思索の道筋を表した『方法序説』のなかで，先の命題はフランス語で，Je pense, donc je suisとしてデカルトの脳裏に浮かんだのではないでしょうか。ここに一つのボタンの掛け違いがあるかもしれません。フランス語は動詞の主語を明示するのですが，ラテン語は一般に，動詞の格によって主語を指し示します。ラテン語の命題には，「私」という主語は明示されていないのです。

　　　cogito－動詞「思う」の一人称単数格

　　　ergo－それ故に，

　　　sum－動詞「在る」の一人称単数格

であり，cogitoという動詞はその格を示す形から「私」が主語であることを指示してはいます。しかし，デカルトがこの命題を立てた時点では，まだ「私」の存在は証明されていません。動詞の格変化は，「私」や「あなた」，「私たち」や「彼」といった人称の体系を前提としています。従って，「私」の存在が証明さ

---

※1　1896〜1933年。岩手県出身の詩人・童話作家。世界のすべての宗教を法華経のもとに統一することを唱えた日蓮宗系の国柱会に加わっている。農学校の教諭として，理学的な分野にも関心を持った。1922年の妹の死を契機にその思索が深まる。1924年に心象スケッチ『春と修羅』が出版される。病床で書かれた「雨ニモマケズ」は有名。その最後で「サウイフモノニ／ワタシハナリタイ」と自己の立ち位置が記され，見開きのページに題目（日蓮宗系の勤行に唱える文言）が書かれている。

※2　René Descartes（1596〜1650年）。フランス生まれの数学者であり，近代哲学への路を拓いたとされる。先入観を排除して，真理にたどり着こうとしたデカルトは，すべてのものを疑うところから思考実験を始めた。その結果，疑っている「私」の存在は，疑いえないという命題にたどり着いた。

れていない段階では，動詞の「格」は決められなくなります。つまり，この命題は，ラテン語から次のように直訳すべきなのです。

cogito, ergo sum
「思う」ゆえに「在る」

「思う」という現象あるいは運動ないし行為は，「在る」。そのことは，この命題がいままさに「思われている」のであるから，疑うことができない。ここには「思う」ということを媒介（ばいかい）としたフィードバックが存在します。デカルトの「コギト」は，宮沢の「青い照明」ということになるのではないでしょうか。宮沢の「私」が「電燈」ではなかったように，「コギト」はけっして実体化された「私」ではないのです。

　イミの次元でデカルトの業績を位置づけてみると，フランス語を用いてすべてを疑うという作業を行うことで，中世ヨーロッパのラテン語に基づく知の体系を意図的に非平衡状態に陥れ，従来の哲学を非連続的に変化させ，近代的な哲学の体系を創った，と考えることもできるでしょう。

　「私」という人格は，イミの次元のなかで生起している事件であり，一瞬たりとも固定されることはありません。仏教的な用語でいうならば「無常（むじょう）」であり，『方丈記（ほうじょうき）』※3の表現を借りるならば「よどみに浮ぶうたかたは，かつ消えかつ結びて，久しくとどまりたるためしなし」ということになります。「よどみ」こそが人格の関係の連なりであり，そして個々の人格は「うたかた」（泡沫（ほうまつ））ということになるでしょう。

　史的な思考法において，歴史的な出来事のすべては「渦」に喩えられます。

渦はその外から入った水が，旋回したあとに外へ出るという運動です。河の流れから，渦を取り出せません。しかし，「渦」の形は持続し，また，瞬時に形を変えていながらも，あの渦，この渦と指示することができます。渦の外から見ればそれは運動であり，渦の内から見れば行為ということになります。

　ヒトの次元において「私」という個人は，河面に結ぶ「渦」です。「私」はモノ・イミ・ヒトの三つのシステムが交差する事件として把握されます。つまり「私」を外部から観測すれば，一個の人格（個人）として捉えられるのに対して，内部から観測すれば理性・感情・体感という三つの次元から成り立つということができます。理性がイミのシステムに，感情がヒトのシステムに，体感がモノのシステムに，それぞれ配当されます。


## 人格の標識

　社会システムを構成する人格は，どのように扱うべきなのでしょうか。「私」を反省してみましょう。すると実に多様な側面を持ちつつも，一般的には一つの人格として統合されていることに気づかされます。親から見れば「子」であり，配偶者から見れば「夫（あるいは妻）」であり，子から見れば「親」であり，職場においてたとえば「課長」であり，地方自治体から見れば「市民（あるいは区民・町民・村民）」であり，国家から見れば「国民」であり，さらに地球という視点に立てば「人類」ということになります。さまざまな無数の側面をバラバラにするのではなく，一つの人格にまとめ上げる動きを，「認同」

---

※3　13世紀前半，京都に住む鴨長明が書き記した随筆。その内容から1212年にまとめられたと考えられている。仏教の無常観を示しながら，災害が打ち続いた時代にいかに生きるかという内容になっている。引用部分は，その冒頭の一節。

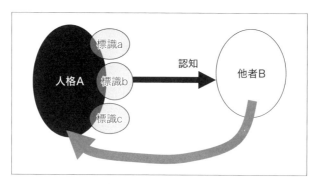

図22　認同のプロセス

identificationと呼ぶことにしましょう。

　認同は運動ないし行為です。一般に膾炙された用語では，アイデンティティ形成ということになります。その運動ないし行為を史的に思考するために，「標識」という概念を持ち込んでみましょう。標識とは，人格のさまざまな側面の一つひとつに付された記号です。身体的な特徴，たとえば体型・人相なども標識として扱われる場合があります。このことはIDカード（identification card）に，顔写真が刷り込まれていることが一般的であることからも，直感的に理解していただけるのではないでしょうか。音声によって個人を認識することもあることから，音声や話しぶりなども，認同の標識となりえます。

　ドライバーは路上の交通標識を見て，その標識に対応する運転を行います。それと同じように，ある人格に付されている標識を見て，他者はその人格との関係を調整します。標識を検討することで，その標識にどのような他者がどのように関係を持ったのか，検討することが可能となります。

　歴史研究にとってもっとも重要な標識が，呼称です。一つの人格には，他者からさまざまな名前で呼びかけられます。私は自宅に帰れば，子から「お父さん」，

妻からはあだ名で呼びかけられるでしょう。職場である大学の教室では学生から「先生」，選挙ともなれば駅前で演説する候補者から「市民のみなさん」のなかの一人として，声をかけられます。呼称には役職名なども含まれます。たとえば職場において，ある人物に「課長」と声をかけた場合，これは会社組織のなかの「課長」といっているのではなく，個人名の代わりに使われているわけです。

　さて，認同のプロセスは，一般に次のように展開します。人格Aに付随する多様な標識a・b・c……のなかから，他者Bは一つの標識bを選び出して人格Aに働きかけます。その標識に対する他者Bの行為を受け取って，人格Aは自己の標識を操作し，多くの場合はいかにもそれらしく振る舞うことになるでしょう。この一連の動きがポジティブ・フィードバックのループとなれば，他者Bが選び出した人格Aの標識bは強化され，その標識を核とする人格が形成されることになります。多様な標識に応じて多様な他者から加えられる多様な行為を解釈し，「私」という人格への統合が成功した場合，人格Aの認同（アイデンティティ形成）が達成されます。

　歴史上の人格のなかには，数多くの呼称を持っているものがあります。たとえば鄭成功[4]として知られている人格の場合，父親の一族のなかでは鄭森，幼少時代に過ごした平戸では福松と呼ばれていました。清朝が明朝を滅ぼしたあと，明朝の亡命政権からは皇帝と同じ姓が与えられて「朱成功」という呼称を得るのですが，明朝の皇族と同じ姓を用いることははばかられたため，国朝の

---

[4]　Zhèng Chénggōng（1624～1662年）。中国福建出身の海洋商人を父に，日本人を母に持ち，長崎県平戸で出生。父から引き継いだ船団を率いて清朝と戦い，オランダ東インド会社の拠点を降伏させて台湾に政権を建てたが，その直後に病死。日本の劇作家の近松門左衛門（1653～1725年）が鄭成功をモデルに創作した人形浄瑠璃『国性爺合戦』は評判となり，ロングランを記録している。

6．ヒトの次元　73

図23　鄭成功

姓ということで「国姓爺」(「爺」は年長の男性に対する尊称)という標識を用いるようになり,オランダ人はその音を写して,Cocksinja, Kochsinjaなどと呼びました。さらに政権を打ち立てようとしたときには,明朝亡命政権から「延平王」という爵位を与えられています。他方,清朝の側は,彼を「賊」と呼んだのです。

　鄭成功の場合には,父親から「鄭森」と呼ばれればそれらしく振る舞い,明朝の官僚となるべく勉学に励み,母親から「福松」と呼ばれれば息子として孝行を尽くそうとしたようです。明朝亡命政権から「朱成功」とされれば,明朝への忠誠を誓い,敵対する清朝から「賊」として討伐の対象となったときには,

敵愾心（てきがいしん）の矛先をさらに研ぎ澄ましたに違いありません。彼の人格は多様な標識を持っていたわけですが，それらがバラバラにならず，それでも「同じ私」として統一されることで，アイデンティティが確立されたと思われます。

　しかし実際には，このプロセスが鄭成功のようには，順調に進むとは限りません。というよりも，認同プロセスに危機が内包されている事例こそが，史的な思考法に基づく歴史研究の格好のテーマとなります。人格に付された標識のあいだに，矛盾が存在する場合には，しばしば認同が達成されません。たとえばアウシュヴィッツ[5]を経験したユダヤ人[6]の母語がドイツ語であったというケース。「アーリア人種であるドイツ人[7]」という標識の有無で人々を差別したナチスは，「ユダヤ人」という標識を少しでも持つ人々を虐殺しました。ユダヤ人とされ，かろうじて一命を取り留めた人格が，「ドイツ語の話者」という標識を担っているとしたらどうなるでしょうか。この標識のあいだの矛盾は，「ユダヤ人」という標識を背負ったある知識人を自死させるところまで追い込みました[8]。

※5　アウシュヴィッツ・ビルケナウ強制収容所。第二次世界大戦中にドイツが占領した現在のポーランドに置いた収容所。多くのユダヤ人がガス室で命を奪われた。

※6　「ユダヤ人」という標識は，母親がユダヤ人である人，あるいはユダヤ教の律法に基づく正規の手続きを経てユダヤ教に改宗した人に付与される。ユダヤ教の聖典である『聖書』（キリスト教の経典としては『旧約聖書』）に基づき，肉と乳製品を一緒に食べない，鱗（うろこ）のない海産物（イカやエビなど）や豚肉を口にしないなどの戒律を守ることで，異教徒と分節化される。『聖書』は，アフロ・アジア語族のセム語派に属するヘブライ語で記されている。しかし，多くのユダヤ人は，居住地の言語を母語としていた。

※7　インドとヨーロッパの諸言語に共通点があるところから，「インド・ヨーロッパ語族」という言語学上の分類が生まれ，それらの言葉を話す民族の共通の祖先として「アーリア人」が創作された。ナチスはアーリア人のなかでもっとも優秀な民族が自分たちドイツ人だと主張し，金髪，高貴で勇敢，勤勉で誠実というイメージを付与した。その対極の存在として分節化された人々が「ユダヤ人」ということになる。

※8　細見和之『アイデンティティ／他者性』岩波書店，1999年。

標識が整理できたら，続いてその標識を手がかりに他者との関係を分析する段階に入ります。まず，協調的か敵対的かを分けてみましょう。協調的な関係の場合，その関係がどのように維持されているのかを検討してください。行為によって結ばれているのか，序列なのか，役割なのか，おおよそこの三つのパターンに分類できると思います。

　行為によって結ばれた関係は，別の言葉でいえば，give and takeの関係です。何かしてもらったら，お返しに何かしてあげる，という関係ということになります。社会的な集団の構成員が行為によって結ばれている場合には，上位に立つ人格はパトロン，下位に立つ人格はクライアントということになります。パトロンがクライアントに対し保障や保護・恩恵などを与える行為を実践すると，その行為を受けたクライアントはパトロンを支持したり，それに協力したりします。「与える」「お返しする」という動詞で表現される関係なので，私はこれを「動詞的社会関係」と呼んだことがあります。しかし，双方の行為が途切れてしまうと，この関係も解消されることが多いようです。

　序列によって秩序立てられる集団は，一つの基準に従って順位が決まります。順位が下の人格は，上位の人格に対して，一歩下がってしゃしゃり出ないようにする必要があります。身近な例を挙げると，その集団に入った時期が早いか遅いかで生まれる，先輩と後輩の関係といったところでしょうか。「早い」「遅い」という形容詞で表現される関係ですので，これを「形容詞的社会関係」と呼んでみました。

　役割によって形作られた関係は，その人格が他者に対して何をしなければならないかが，あらかじめ決められているときに現れます。たとえば医者という役割，患者という役割であれば，医者は患者を治療するという役目を果たすこ

とが決められており，患者は医師の指示に従って治療を受けることが期待され
ています。この関係は「医者」と「患者」というように名詞で確認される関係
ですので，「名詞的社会関係」とすることができるでしょう。

　この三つのパターンの関係は，同じ人格のあいだでも切り替わることがあり
ます。そのときには，標識の切り替えが行われます。鄭成功が率いた軍団のなか
には，彼の親族も多く含まれていました。親族が執り行う祖先祭祀の場では，序
列が高い叔父に対しては目上であることを示す呼称，たとえば「叔叔」と呼び
かけたでしょう。しかし，軍団として組織的に行動しているときには，叔父の方
が軍団の指揮を執るという役割を持った鄭成功に対して，彼を「国姓爺」と奉
らなければなりませんでした。当然，そこには気持ちのうえでの葛藤が生まれ
たことでしょう。史的な思考法では，こうした機微もすくい取ることができる
のです。

## おわりに―史的な思考法マニュアル―

史的な思考法は，歴史を学習するための方法ではありません。

　私たちが活動し生活する現代の社会において，「ここ」で生まれ育ち，「ここ」を中心とする世界で生きている「私」のことを，「そこ」で生まれ育ち，「そこ」を中心とする世界で生きている「あなた」に，しっかりと説明しなければならない場面に，必ず遭遇することになるでしょう。「ここ」から遠く離れた「そこ」に生きる「あなた」のことを，「そこ」の世界の歴史や文化のなかで理解する必要に迫られることもあると思います。地球の反対側の町に駐在することになったり，地球の反対側から訪れた客人を迎えたり，SNSでコンタクトを取ったりすることは，今後ますます日常茶飯の出来事になると思います。

　そうしたときに，自分とは異なるといって，忌諱したり差別したりするのは，悲しいことです。史的な思考法は，「ここ」の私と「そこ」のあなたとをつなげるための，一つのマニュアルであると考えてください。

　これまで抽象的な議論を展開してきましたが，マニュアルにするとその手順はきわめてシンプルです。

　まず，「そこのあなた」はこういう者だと決めつけてかかるのは，やめましょう。手始めに「あなた」に関わる出来事を手がかりに，考察しなければならない課題を見つけます。出来事にはタイトルをつけ，いつ・どこで起きたのか，当事者は誰なのかを確定していきます。そののちに，その出来事はどのように起き，なぜ起きたのかを問い，他の出来事と関連づけていきます。つまり5W1Hを考えるというわけです。

　なぜ・どのようにと問うときには，モノ・イミ・ヒトの三つの次元のそれぞれで思索を拡げていきます。

　モノの次元，生態システムの研究方法としての簡易な原則は，出来事に登場

するすべての動植物・疾病などを，すべて国際標準の学名に比定せよ，ということです。学名をモノサシにして，多様な言葉で表現されるモノを確定します。たとえば「椿」という漢字。日本ではツバキですが，中国ではチャンチンというまったく別のセンダイ科の植物を指します。日本の「椿」は，早春に花を咲かせることに由来する日本で創られた漢字，いわゆる国字です。学名ではツバキは*Camellia japonica*，チャンチンは*Toona sinensis*となり，違う植物であることがはっきりとします。「鮎」は，日本では学名が*Plecoglossus altivelis*となるアユですが，中国では*Silurus asotus*，すなわちナマズです。また，学名を比定することで，どのような自然環境で生息するのかといった理学などの情報や，日本語以外の言語で蓄積されたデータを検索することが可能となり，国際的な学術交流も推進されるでしょう。

　ヒトの次元，すなわち社会システムの研究原則は，どのように立てられるでしょうか。その思考法は，人格に付された標識に着目せよ，ということになります。身体的特徴など，標識は視覚的なもの，聴覚的なものなど多様です。そのときにはどのような衣服や背景とともに描かれているのか，確認してみましょう。もっぱら扱うことになる標識は，人格に付された呼称です。史的な思考法に基づく文献読解の手順を整理すると，次のようになります。

①　文献に出てくる名称に着目する。

②　同じ人格に付された名称を網羅する。

③　同姓同名の別人格を排除する。

④　同一人格に付された名称は，どのような他者に対する標識であるかを分析する。

⑤　他者との関係の分析から，人格を再構成する。

中国などの東アジアでは，一つの人格に字や号など，多くの名称が存在します。さらに二字あるいは三字といった少ない漢字による表記となるため，同姓同名が多く見られます。異なる名称を一つの人格に同定し，また同じ名称で呼ばれる異なる人格を排除することは，手間と根気が必要な作業となる場合も，少なくありません。

　一つの人格に付された多数の名称を同定する作業では，軸となる名称を一本にしぼる必要があります。生態システム研究の要点としてラテン語の学名を掲げたように，社会システム研究における人格同定の核としては，本名を軸に名称を整理し，叙述に際しては本名で人格を表記するという原則を定めるべきです。このことによって，文献に対する態度が定まり，叙述の一貫性が保たれます。

　人格を認識する際に軸となる本名とは，いったい何でしょうか。本名にはいくつかの特徴があるとされます。本名は自分ではつけられない，つまり自己命名禁止[1]。本名を与える命名には，権力性・暴力性が伴います。つまり名前が与えられることで，それまで名のなかった子は，人格の関係の網の目のなかにからめ取られるのです。社会システムの研究方針を図示するならば，次のようになります。

　①　標識を同定する（A・B・C・D……）。

　②　名称のなかから，本名Aを確定する。

　③　本名と他の標識との人格上の相違を検討する（A≠B・A≠C・A≠D……）。

記号「≠」の意味は，AとBとは同一人格の標識であるものの，その二つの標識

---

※1　出口顯『名前のアルケオロジー』紀伊國屋書店，1995年。

はそれぞれ異なる他者との関係のなかに位置づけられている，ということを示しています。

　標識は決して固定的なものではありません。常に他者との関係のなかで，変化します。ですから，「あの人は〇〇だ」などと断定してはいけません。たとえば，ブタ由来のものを口にしないという行為は，ムスリムの属性と固定的に捉えるべきではありません。こうした禁忌を守ることで，自他ともに，ムスリムという標識が強化され，ムスリムであることが認同の中核になっていくのです。

　最後にイミの次元において，「そこも地球の真ん中」として生きる「あなた」が，どのように分節化された世界のなかにいるのか，そして，その世界のなかで「ここも地球の真ん中」として生きる「私」がどのように位置づけられているのか，考えていかなければならないでしょう。

　そのための唯一の方法は，対話を積み重ねるということです。最初は分節化の体系が異なるために，誤解し誤解されることが多いでしょう。それでもあきらめずに対話するなかで，「あなた」の分節化の体系を用いて「私」の世界を説明しようと試みてください。この作業のなかで，「あなた」と「私」とのズレがどこで生じているか，解明されていくはずです。「あなた」が生きている世界と「私」が生きている世界とは，違います。しかし，それでも必ず理解し合えるのです。

　いま世界において，人口の急増，温室効果ガスの排出量の増大，核兵器の増強などが続いています。現在まではかろうじて連続的な変化にとどまっていますが，こうした変化の先で，いつ臨界点に達し，25ページ図7のような非連続的な変化が生じるかは，予測できないのです。明日は必ずしも，昨日から今日までの流れの延長線上にあるとは限りません。今日には予測できなかった激変が明日

訪れ，私たち現生人類（*Homo sapiens sapiens*）が地球のあらゆる生き物たちを巻き込んで絶滅する可能性も，あながち否定することはできないのです。そうならないために次の一歩をどう踏み出したらよいか悩んだときに，「史的な思考法」が参考になれば，と念じつつ筆を擱きます。

図版出典

図1　アフロ（ボストン美術館蔵）

図2　Our World in Data "World Population Growth" by Max Roser and Esteban Ortiz-Ospina（https://ourworldindata.org/world-population-growth, First published in 2013; updated April, 2017.）

図3　国連人口部「世界人口推計 2017年改訂版〈World Population Prospects, the 2017 Revision〉」（https://esa.un.org/unpd/wpp/）

図4　気象庁『気候変動監視レポート2016』（最新の情報は　http://www.data.jma.go.jp/cpdinfo/temp/an_wld.html　参照）

図5　気候変動に関する政府間パネル（IPCC）第5次評価報告書（2013年IPCCホームページ公開, 気象庁訳2015年12月1日版）

図6　著者作成

図7　著者作成

図8　著者作成

図9　編集部撮影

図10　図：編集部作成, 写真：アフロ

図11　澤田章『新装版人と思想17　ヘーゲル』清水書院, 2015年

図12　アフロ（ヴェルサイユ宮殿蔵）

図13　小牧治『新装版人と思想20　マルクス』清水書院, 2015年

図14　著者作成

図15　編集部作成

図16　村上隆夫『新装版人と思想112　メルロ=ポンティ』清水書院, 2014年

図17　アフロ（ルーブル美術館蔵）

図18　『六法全書』有斐閣。編集部撮影

図19　アフロ（ブリティッシュコロンビア州人類学博物館蔵）

図20　アフロ（エジンバラ大学図書館蔵）

図21　伊藤勝彦『新装版人と思想11　デカルト』清水書院, 2014年

図22　著者作成

図23　アフロ（国立台湾博物館蔵）

著　者

上 田　信

うえだ　まこと

1957年生まれ。東京大学大学院人文科学研究科（修士課程）修了後，東京大学東洋文化研究所を経て1989年から立教大学文学部（現在に至る）。中国を中心にさまざまなテーマを研究。

主要著書

『森と緑の中国史―エコロジカル-ヒストリーの試み』（岩波書店，1994年）

『トラが語る中国史―エコロジカル・ヒストリーの可能性』（山川出版社，2002年）

『海と帝国』（中国の歴史9，講談社，2005年）

『ペストと村―七三一部隊の細菌戦と被害者のトラウマ』（風響社，2009年）

『東ユーラシアの生態環境史』（山川出版社，2006年）

『風水という名の環境学―気の流れる大地』（農山漁村文化協会，2007年）

『シナ海域蜃気楼王国の興亡』（講談社，2013年）

『貨幣の条件―タカラガイの文明史』（筑摩書房，2016年）

『悪の歴史―東アジア編［下］南・東南アジア編』（編著，清水書院，2018年）

『死体は誰のものか―比較文化史の視点から』（筑摩書房，2019年）など。

編 集 委 員

| 上田信 | 松原宏之 |
|---|---|
| 高澤紀恵 | 水島司 |
| 奈須恵子 | 三谷博 |

歴史総合パートナーズ①
## 歴史を歴史家から取り戻せ！
―史的な思考法―

定価はカバーに表示

2018年8月21日　　初　版　第1刷発行
2020年4月20日　　初　版　第2刷発行

著　者　　上田　信
発行者　　野村　久一郎
印刷所　　法規書籍印刷株式会社
発行所　　株式会社　清水書院
　　　　　〒102-0072
　　　　　東京都千代田区飯田橋3-11-6
　　　　　電話　03-5213-7151㈹
　　　　　FAX　03-5213-7160
　　　　　http://www.shimizushoin.co.jp

カバー・本文基本デザイン／タクティクス株式会社／株式会社ベルズ
乱丁・落丁本はお取り替えします。　　　　ISBN978-4-389-50084-9

本書の無断複写は著作権法上での例外を除き禁じられています。また，いかなる電子
的複製行為も私的利用を除いては全て認められておりません。

## 歴史総合パートナーズ

① 歴史を歴史家から取り戻せ！―史的な思考法―　　上田信

② 議会を歴史する　　青木康

③ 読み書きは人の生き方をどう変えた？　　川村肇

④ 感染症と私たちの歴史・これから　　飯島渉

⑤ 先住民アイヌはどんな歴史を歩んできたか　　坂田美奈子

⑥ あなたとともに知る台湾―近現代の歴史と社会―　　胎中千鶴

⑦ 3・11後の水俣／MINAMATA　　小川輝光

⑧ 帝国主義を歴史する　　大澤広晃

⑨ Doing History：歴史で私たちは何ができるか？　　渡部竜也

⑩ 国境は誰のためにある？―境界地域サハリン・樺太―　　中山大将

⑪ 世界遺産で考える5つの現在　　宮澤光

以下続刊